Sissy – Die Kinder der Krone

Gesamtherstellung: G + G Buchproduktion, Hollabrunn

MARIELUISE VON INGENHEIM

Sissy

Kinder der Krone

tosa

Als Sissy, der „kleine Wildfang“ aus dem bayerischen Possenhofen, Kaiser Franz Josephs Gemahlin wurde, war sie sechzehn, und mit siebzehn brachte sie ihr erstes Kind, Sophie, zur Welt. Die überall wegen ihrer Schönheit und Natürlichkeit bewunderte Kind-Frau, die sich im Pferdesattel am wohlsten fühlte, mußte recht bald erkennen, daß ein Kaiserthron unbequemer war als ein Sattel und daß es oberste Pflicht einer Monarchin war, einen Thronerben zu gebären.

Die große und leider auch unbezwingbare Gegenspielerin erwuchs der jungen Kaiserin in der Person der Erzherzogin Sophie, ihrer Schwiegermutter, die nach der Geburt der beiden Töchter und schließlich des Thronerben Rudolf die Erziehung der Kinder der Krone ganz in die Hand nahm und Sissy auch in jeder anderen Hinsicht gängelte und entmündigte.

Sissys jahrelanges Duell mit der übermächtigen Gegnerin, ihr immer mehr einen tragischen Verlauf nehmendes Schicksal und ihre immerwährende Suche nach einem Lebensglück weit weg vom Wiener Hof sind Thema dieses neuen Romans in der Reihe der Sissy-Bücher.

Erster Teil

1
Laxenburg

Die junge Kaiserin erwachte von den heftigen Windstößen, die um das Schloßdach pfiffen. Sissy sah förmlich, wie sich draußen im Park die Wipfel bogen, Äste brachen. Das Holz schrie, der Wind fegte Laub über die Reitwege, trieb es gegen die geschlossenen Fensterläden.

In ihrer Kindheit hatte sie solche Unwetter in Schloß Possenhofen öfter erlebt, hatte an solchen Tagen mitunter sogar bis in ihre Mädchenstube des Stampfen der Pferde in den Ställen vernommen, wie sie aufgeregt mit ihren Hufen gegen die hölzernen Abteile in ihren Boxen schlugen. Sie sehnte sich heim nach Possi, dieser Morgen rief alle Erinnerungen an ihre Kindheit, an Vater und Mutter, an die vertraute Umgebung von einst wach.

Sie war nun seit fast sieben Jahren verheiratet. Aus dem kleinen Wittelsbacher-Prinzeßchen, der Tochter des Herzogs Max in Bayern und seiner Frau Ludowika, war unversehens die Kaiserin eines mächtigen Reiches geworden.

Franzl war verliebt, er war es noch immer. Seine Mutter, Erzherzogin Sophie, war eine von Ludowikas Schwestern. Sissy wußte noch immer nicht darein zu schicken, ihre Tante dem Hofbrauch gemäß „Chère Maman“ zu titulieren. Wie in ihrer Kindheit sprach sie ihre Schwiegermutter noch immer mit „Frau Tante“ an und erntete prompt ein mißbilligendes Nasenrümpfen und wortreichen Tadel.

Erzherzogin Sophie schlief im Nebenzimmer. Sie war eine kluge, energische Frau, und in den Kreisen des diplomatischen Korps war früher gewitzelt worden, sie wäre der einzige Mann am Wiener Hof – denn mit Franz Josephs Vorgänger, dem guten Kaiser Ferdinand, war nie besonders zu rechnen gewesen. Auf ihren Ratschluß hin hatte Ferdinands Bruder, ihr Gatte Franz Karl, auf den Thron zugunsten seines Sohnes Franz Joseph verzichtet.

War Tante Sophie bislang die heimliche Herrscherin am Wiener Hof gewesen, so gedachte sie es von nun an erst recht zu sein. Sie wollte in Hinkunft weiter herrschen – durch ihren Sohn, der ja wirklich des mütterlichen Rates bedurfte. Diesen Anspruch auf Herrschaft leitete Sophie aus der Tatsache ab, daß sie nach der Abdankung ihres Schwagers Ferdinand an der Seite ihres Gatten Franz Karl nächtens Kaiserin von Österreich-Ungarn geworden wäre.

Aber angesichts der politischen Situation im Europa des Jahres 1848 war es ein überaus kluger Schachzug von ihr gewesen, ihren jungen, hoffnungsvollen Sohn

Franz Joseph, der durch seine Jugend gewissermaßen die Zukunft der Monarchie verkörperte, vorzuschieben.

In der Tat ging alles gut – bis es zur Brautwerbung kam. Ein junger Monarch brauchte eine Gattin und von ihr Kinder, die die Thronfolge sichern sollen.

Da der Thron „in der Familie" bleiben sollte, hatte die kluge Strategin Sophie im Kreise ihrer Schwestern Ausschau gehalten. Die waren allesamt mit Kindern gesegnet. In Frage kamen die Töchter Elisabeths, die mit dem Preußenkönig Friedrich Wilhelm verheiratet war und in Potsdam lebte, und die ihrer Schwester Ludowika, Gattin des lebensfrohen Sonderlings Herzog Max in Bayern.

Mit den preußischen Prinzessinnen hatte Franz Joseph, wie er deutlich erkennen ließ, nichts im Sinn. Also blieben die Bayern-Töchter. Sophiens Wahl fiel auf eine von ihnen, Helena – Nené genannt –, die klug und anpassungsfähig war und infolgedessen ihrer künftigen Rolle als Kaiserin gewachsen sein würde.

Aber sosehr auch Franz Joseph auf allen Gebieten seiner Mutter gehorchte und ihre Ratschläge befolgte, in Sachen seiner Ehe ließ er sich nichts dreinreden. Und so fiel denn seine Wahl ganz überraschend auf die hübsche jüngere Schwester Nenés, die so herzerfrischend ungezwungene und natürliche Sissy. Zwischen ihr und Sophie, die sich vor die Notwendigkeit gestellt sah, den „Wildfang" für ihren Sohn zu zähmen und aus ihm eine Dame und Kaiserin zu machen, kam es zu den unerfreulichsten Szenen.

Schon im Jahr nach der Hochzeit wurde Sissy schwanger.

„Das wäre das schönste Geschenk, das du uns und dem Reich machen könntest!“ hatte Sophie ausgerufen. Natürlich meinte sie wie alle Welt in Österreich-Ungarn damit einen Sohn und Thronerben.

„Ach, Heilige Mutter, laß es ein Knabe sein!“ flehte Sissy schweißgebadet zum Himmel. „Und gib, daß Mama zur rechten Zeit da ist! Ich flehe dich an!“

Der stürmische Morgen, der über Laxenburg heraufdämmerte – man schrieb das Jahr des Herrn 1855 –, ließ sie erkennen, daß ihre Niederkunft nahe war. Man hatte sie nach Laxenburg gebracht, und sie liebte Laxenburg und seine ländliche Umgebung, den herrlichen Park, den romantischen Teich.

Es war kalt, sie fror unter der Daunendecke, ihr Hemd war schweißnaß. Es war fast sechs Uhr morgens – Sissy sehnte förmlich das helle Läuten des Glöckchens herbei, mit dem die Standuhr auf dem Kaminsims die volle Stunde anzukündigen pflegte.

Auf dem Kalenderblatt stand der dritte März. Um diese Jahreszeit war das Reisen beschwerlich, in den gebirgigen Gegenden lag noch Schnee, und selbst hier in der Umgebung von Wien konnte der Winter noch heftige Rückzugsgefechte liefern.

Das Kind regte sich heftig in ihrem Leib. Übelkeit befiel Sissy, sie glaubte sich übergeben zu müssen und hatte doch nichts im Magen. Sie wollte aufstehen, konnte es aber wohl nicht ohne fremde Hilfe. Ihr Leib war unförmig, sie konnte sich nicht ansehen im Spiegel.

„Majestät werden nachher wieder so schlank und schön sein wie früher", versicherte ihr der Arzt immer wieder.

Sissy tastete nach dem Klingelzug an der Seite ihres Bettes und zog daran. Aber noch vor der Kammerzofe erschien Tante Sophie im Rahmen der Flügeltür.

„Sissy?" fragte die Erzherzogin besorgt. „Bist du wach? Ist alles in Ordnung?"

„Ja, chère Maman."

„Gottlob! – Christine, machen Sie die Fensterflügel auf, es ist heller Morgen!"

Zugleich mit der Kammerzofe war ein Dienstmädchen erschienen, welches sich nun abmühte, die hölzernen Läden zu öffnen. Kurz entschlossen packte die Erzherzogin mit an.

Insgeheim bewunderte Sissy sie dafür, und wie sie immer wieder dort, wo Not am Mann war, in die Bresche sprang. Diese Art kannte sie von Mama Ludowika. Die beiden Schwestern hatten vieles – wenn auch nicht alles – gemeinsam.

Gleich darauf wandte sich die Erzherzogin wieder ihrer Schwiegertochter zu. „Wie fühlst du dich? Hast du geschlafen?"

„Nicht viel", gestand Sissy. „Und ich glaube, ich bin schweißnaß."

„Ein frisches Hemd für Ihre Majestät!“ befahl Sophie energisch.

„Ich möchte aufstehen“, sagte Sissy. „Ich brauche Luft. Ich will ins Freie!“

Die Erzherzogin schlug entsetzt die Hände zusammen. „Du bist verrückt!“ erklärte sie rundheraus. „Bei diesem Wetter, jetzt, kurz vor der Niederkunft?! Ganz im Gegenteil bleibst du hier im Zimmer, und ich lasse kräftig Feuer machen!“

Sissy war verzweifelt, hoffte, die Tante werde bald gehen. Aber diese dachte gar nicht daran, sie zog sich einen Stuhl ans Bett und setzte sich an Sissys Seite.

„Eine kräftige Brühe mußt du jetzt essen! Es ist keine Kleinigkeit für das Kind, zur Welt zu kommen, ebensowenig für dich. Glaube mir, ich spreche aus der Erfahrung einer Mutter.“

„Ja, Maman“, seufzte Sissy ergeben.

„Und bedenke: Ist deine Stunde gekommen, wird dieses Zimmer voller Leute sein. Denn das Kind, das du zur Welt bringst, ist nicht nur dein Kind – es gehört dem Reich. Es ist ein Kind der Krone!“

„Jawohl, Maman.“

2
Die Schwiegermutter

Sophie war zwar davon überzeugt, daß ihr Bub besser beraten gewesen wäre, hätte er die mütterliche Wahl akzeptiert, statt seinem Herzen zu folgen. Aber das hatte er nun einmal getan, Sissy war seine Frau geworden. Und sie, die das Beste für ihren Sohn – und nicht minder für das Reich – im Sinne hatte, mußte nun eben den „bayerischen Wildfang" „hinbiegen", gewiß eine schmerzliche Prozedur. Aber wo gehobelt wird, fliegen Späne.

Insgeheim bewunderte Sophie genau wie Franz Joseph an Sissy deren Natürlichkeit, deren Mut zur Aufrichtigkeit und die innere Kraft, die Sissy aufbrachte, um den Zwängen des Hoflebens zu trotzen. Und fast gegen ihren Willen liebte sie ihre Schwiegertochter. Aber es wäre ihr nicht in den Sinn gekommen, es diese merken zu lassen.

Sie sorgte dafür, daß Sissy frische Wäsche bekam und daß ihr Bett überzogen wurde. Währenddessen nahm die werdende Mutter in einem Lehnstuhl platz, und man brachte ihr auf einem Serviertischchen die von ihrer Schwiegermutter verlangte heiße Hühnersuppe.

„Iß!“ befahl Sophie energisch. „Du siehst aus wie der leibhaftige Tod. Du mußt etwas im Magen haben!“

„Maman, es ist mir unmöglich, auch nur einen Löffel voll zu mir zu nehmen. Ich würde mich sofort übergeben . . .“

„Unsinn! Das tust du nicht. Ich kenne das. Im Gegenteil, du wirst dich besser fühlen. Iß jetzt!“ Sie selbst führte den Löffel an Sissys Mund. „Denk an das Kind und an seinen Vater!“ verlangte sie.

Bald aß sie brav und willig, der Teller leerte sich.

„Na also“, sagte Sophie resolut und stellte den Teller beiseite. „Gestern abend kam noch ein Brief. Die Ordonnanz brachte ihn aus Schönbrunn. Er ist jetzt genau zwei Tage alt und kommt aus Wels. Deine Mutter mußte dort der Unwetter wegen Station machen. Aber sie ist unterwegs hierher. Es könnte sein, daß sie heute schon eintrifft.“

„Oh“, entfuhr es Sissy erleichtert. „Und Papa?“

„Weiß der Himmel, wo sich dein Vater im Augenblick wieder herumtreibt! Vielleicht ist er in den Bergen, vielleicht auch bei den Hottentotten. Das weiß man ja bekanntlich bei ihm nie . . . Deine Mutter kommt ohne ihn, soviel ich weiß. Aber Sie kommt . . . Und das ist ja wohl das wichtigste!“

„O ja, das ist wichtig“, nickte Sissy.

Sissy dachte daran, daß es den „gewöhnlichen Weibern“ erlaubt war, Schmerzen zu zeigen, Kaiserinnen und Königinnen aber nicht. „Ich habe manchmal das Gefühl“, sagte sie, „daß ich, wenn ich die zufriedenen Gesichter der Bauern auf den Feldern sehe, ganz gerne mit denen tauschen würde.“

Sophie lachte. „Du bist eine unverbesserliche Romantikerin. Du warst nie Bäuerin und wirst es auch nie sein. Glaub mir: der Herrgott ist es, der die Menschen an ihren Platz stellt. Dein Mann hat seine Würde und Macht von Gott, und du bist dazu bestimmt, an seiner Seite zu stehen.“

„Manchmal wünsche ich mir, ich wäre in Possi.“

„In Possenhofen? Sissy, deine Kindheit ist vorbei! Du mußt das endlich begreifen! Du hast zu viel vom Freigeist deines Vaters! Der ist Herzog in Bayern, gehört nicht zur regierenden Linie der Wittelsbacher und kann sich deshalb seine Passionen leisten.“

Nun endlich hielt es die Erzherzogin für angezeigt, Sissy allein zu lassen. Aber Sissy blieb nicht allein. Kaum war Sophie gegangen, trat der Leibarzt ins Zimmer, der die werdende Mutter einer peniblen Untersuchung unterzog und dann beruhigend versicherte: „Es verläuft alles ganz normal, Majestät. Noch ist es nicht soweit, aber bald. Und seien Majestät nur ganz ruhig . . .“

Das war leichter gesagt als getan.

Um die Mittagsstunde kam der Kaiser. Er brachte einen riesigen Strauß Rosen aus den Schönbrunner Gewächshäusern und den Duft und die Frische von draußen mit ins Zimmer. „Sissy!“ rief er, eilte mit Riesenschritten ans Bett und bedeckte die Hände seiner jungen Frau mit Küssen. „Sissy, wie geht es dir?!“

„Franzl“, lächelte sie ihn an, „der Doktor sagt, alles steht zum Besten. Wir brauchen uns keine Sorgen zu machen.“

„Aber ich mache mir Sorgen“, gestand er und hielt ihre Hände umfaßt, während sein Blick liebevoll über ihr schmales Gesichtchen glitt.

„Das sollst du nicht, Franzl.“

„Ich tu's aber, ich kann nichts dafür und nichts dagegen machen . . .“ Er sprach ihn nicht aus, den Gedanken, vor dem er schauderte.

„Franzl, mir wird schon nichts passieren“, beruhigte sie ihn und strich ihm tröstend übers Haar.

„Meine Sissy!“ flüsterte er. „Wie wird es erst schön sein, zu dritt . . . mit einem kleinen Buben . . .“

„Und wenn es ein Mädel wird?“ fragte sie. „Ich kann für nichts garantieren . . .“

„Dann werden wir es genauso liebhaben“, versicherte er.

„Aber deine Frau Mama wäre schwer enttäuscht von mir.“

Er zögerte mit der Antwort.

„Sag nichts, Franzl, ich weiß es sowieso“, meinte sie. „Und nicht nur deine Mutter wäre enttäuscht . . . Oh, ich bete, daß es ein Bub wird!“

„Ich auch“, gestand er leise.

„Ach, Franzl, warum habe ich bloß einen Kaiser geheiratet", sagte sie in komischer Verzweiflung. „Das macht mein ganzes Leben so schrecklich kompliziert!"

Er lachte von Herzen. „Du bist einfach goldig, wie du das so sagst. Entschuldige vielmals, daß ich nicht als Holzfäller zur Welt gekommen bin."

„Das entschuldige ich wohl, denn dann hättest du mich wahrscheinlich gar nicht zur Frau bekommen. Aber mein Vater wäre imstand gewesen, mich dir trotzdem zur Frau zu geben. Das würd' ich ihm zutrauen", lachte Sissy nun ihrerseits. Die trübe Stimmung des Morgens war verflogen, besonders als Franzl berichtete, er habe seiner Schwiegermutter ein Detachement entgegengeschickt, das für frische Pferde und alles für die restliche Wegstrecke Nötige Sorge trage.

Dann mahnte der Adjutant, es sei für Majestät wieder Zeit zu gehen. Sissy war wieder allein und konnte ihren Gedanken nachhängen.

Die Erzherzogin beriet sich nur kurz in einem der Salons des Schlosses mit Franz Joseph über die anstehenden Entscheidungen und erteilte ihm Ratschläge. Aber zum erstenmal fühlte sich der Kaiser weitgehend auf sich selbst gestellt. Das war ein neues Gefühl für ihn. Es machte ihm nicht bang. Immer wieder hatte ihn seine junge Frau dazu gedrängt, selbst seine Macht zu gebrauchen und sich nicht auf seine Mutter zu verlassen; er hatte ja auch bei seiner Heirat nicht auf sie gehört und ihrem Wunsch nicht entsprochen.

Franz Joseph fühlte sich in der Tat erwachsen und

Manns genug, doch er fürchtete ganz einfach, seiner Mutter weh zu tun, wenn er ihre Ratschläge nicht befolgte – Ratschläge übrigens, die sich in vielen Fällen als absolut zutreffend erwiesen. Sorgenvoll bestieg er die Kutsche, die ihn nach Schönbrunn bringen sollte.

Sissys Mutter war noch immer nicht in Wien eingetroffen, erfuhr er bei seiner Ankunft.

3
Schüsse zählen

Ludowika, Herzogin in Bayern, entstieg außer Atem ihrem Gefährt, kaum daß es in den Schönbrunner Ehrenhof eingefahren war.

Diensteifrige Lakaien sprangen herbei, um der Mutter der Kaiserin beizustehen, und ein Beamter der Haushofmeisterei wollte veranlassen, daß das auf dem Dach des Gefährts verstaute Gepäck abgeladen werde.

„Oben lassen, nur oben lassen!" wehrte Ludowika ab. „Ich will doch gleich weiter nach Laxenburg!"

„Hoheit können unmöglich", erwiderte Bergsteigl, der in Vertretung des Haushofmeisters angeeilt kam. „Seine Majestät würden das gewiß nicht zulassen. Majestät haben erst vor einer halben Stunde den dringenden

Wunsch geäußert, Hoheit sprechen zu wollen, sobald Hoheit hier in Schönbrunn angekommen wären."

„Auch ich habe den Wunsch! Führen Sie mich sogleich zu Seiner Majestät!"

„Auch das ist nicht möglich, Hoheit mögen verzeihen. Seine Majestät ist soeben in einer Konferenz mit Seiner Eminenz, Kardinal Rauscher, begriffen. Hoheit mögen doch wohl zuerst einen Imbiß einnehmen und sich ein wenig nach der Reise restaurieren. Wenn Hoheit mir bitte folgen wollen, es ist alles bereit . . ."

Die Herzogin fügte sich mit einem ergebenen Seufzer darein. Im Grunde war ihr eine Verschnaufpause nach der langen Fahrt wirklich vonnöten. Ihr guter Max würde sagen: Alte, du schaust zernepft aus!

Hätte Ludowika freilich gewußt, weshalb der Kardinal zur Stunde beim Kaiser war, wäre sie nicht so ruhig geblieben. Die beiden Herren besprachen soeben mit dem Obersthofmeister die Taufzeremonie des neuen Erdenbürgers, der noch gar nicht geboren war.

Sollte nämlich tatsächlich, wie allseits erhofft, ein Thronfolger das Licht der Welt erblicken, dann lief die Taufzeremonie förmlich auf eine Art Staatsakt hinaus. Aber selbst wenn es „nur" eine Prinzessin des Erzhauses sein würde, eine Erzherzogin also, war sie immer noch würdig und wichtig genug, um vom höchsten kirchlichen Würdenträger der Haupt- und Residenzstadt getauft zu werden.

Ludowika ließ sich in eines der vielen weiß und rot

getäfelten und tapezierten Zimmer des Schlosses führen und war dankbar, sich in einen Fauteuil sinken lassen zu können, der wohl noch aus der Zeit der großen Regentin Maria Theresia stammen mochte, deren lebensgroßes Bildnis huldvoll von der Wand auf sie herablächelte.

Zwei Hofdamen erschienen, ein Diener servierte heißen Tee, Brötchen und Konfekt. Die Hofdamen fragten nach besonderen Wünschen; Ludowika wollte nichts als eine Schüssel Wasser, um sich frisch zu machen. Eine Dienerin brachte das verlangte Waschgeschirr und Handtücher, dann ließ man die Herzogin von Bayern diskret allein.

Sie wusch sich flüchtig Gesicht, Nacken und Hände, und vor einem Venezianerspiegel machte sie hernach ihre Frisur zurecht. Nun trank sie auch noch eine Schale heißen Tee, der ihr wohltuend den von der Reise durchfrorenen Körper wärmte, schlang zwei Brötchen hinunter und war eben dabei, einen Bissen Konfekt in den Mund zu stecken, als Adjutant Graf Grünne erschien.

„Hoheit sehen mich entzückt", begrüßte er sie, sich verbeugend. „Hoheit haben, wie ich sehe, die beschwerliche Fahrt gut überstanden. Seine Majestät erwartet sie bereits voll Ungeduld und läßt bitten."

„Die Ungeduld ist ganz auf meiner Seite, General", versetzte die Herzogin.

Graf Grünne reagierte nicht auf ihre scharfe Entgegnung und führte sie ohne ein weiteres Wort in das Arbeitszimmer ihres Schwiegersohnes.

Gleich darauf war sie mit Franz Joseph unter vier Augen allein.

„Rauscher und Grünne also“, begann sie. „Es ist also wahr, was Sissy mir schrieb! Deine Mutter ist meine Schwester, versteh mich bitte nicht falsch, aber geht nicht ihr Einfluß auf dich und deine Geschäfte etwas zu weit?“

„Du redest wie Sissy“, schüttelte Franz Joseph erstaunt und etwas pikiert den Kopf.

„Wundert dich das?“

„Ich finde es sonderbar, daß du so redest“, äußerte sich der junge Kaiser mißbilligend. „Mama meint es gut mit uns; sie hat Menschenkenntnis und Erfahrung. Es ist nur natürlich, daß sie Einfluß zu unseren Gunsten nimmt.“

„Sie nimmt Einfluß zu *ihren* Gunsten, möchtest du sagen.“

„Darin sehe ich keinen Unterschied“, schüttelte der Kaiser den Kopf, dem diese Szene peinlich war. „Ich sehe, du bist übermüdet und gereizt. Dabei wollte ich dir vorschlagen, mit mir gemeinsam nach Laxenburg hinauszufahren.“

Sie fühlte, sie war zu weit gegangen, und schwieg.

„Sie hat sich wohl in ihren Briefen darüber beklagt, daß Mama das Regiment führt? Das sind stets ihre Worte“, sagte Franz Joseph lächelnd.

„Ja, das hat sie“, gab Ludowika zu. „Und nicht nur einmal . . .“

„Aber das ist nötig, Mama! Sissy ist noch jung, kaum achtzehn Jahre. Mama möchte . . .“

„. . . daß auch deine Frau nach ihrer Pfeife tanzt!“ unterbrach Ludowika ihn respektlos. „Aber das wird sie nicht, ich kenne mein Kind, und ich möchte familiäre Komplikationen vermeiden.“

Franz Joseph seufzte.

„Ich wünsche euch beiden doch nur, daß ihr glücklich werdet“, meinte Ludowika begütigend.

Erst jetzt erkundigte er sich höflich nach dem Verlauf ihrer Reise. Sie berichtete ausführlich. Noch während des Gesprächs wurde gemeldet, daß die Kutsche des Kaisers bereitstehe.

Der Abend dämmerte bereits, als die Kutsche des Kaisers durch die endlos scheinende Allee nach Laxenburg fuhr. Graf Grünne folgte in einem weiteren Gefährt. Unterwegs überholten sie noch einige Kutschen, die augenscheinlich auch nach Laxenburg unterwegs waren.

„Sie kommen alle, dem großen Augenblick beizuwohnen“, stellte der Kaiser fest.

„Mein armes Kind“, seufzte Ludowika.

Am Straßenrand standen Gruppen von Landleuten, die dem Kaiser zuwinkten. Freundlich winkte der junge Monarch zurück.

„Sie sind begierig darauf, die Schüsse aus den Kanonen zu zählen, die man auf den Wällen von Wien abfeuern wird“, sagte er zu Ludowika. „Einundzwanzig, falls es der Thronfolger wird, und nur – elf, wenn . . .“

„Ich weiß“, sagte sie.

Die Pferde keuchten bereits im Geschirr; immer noch war Laxenburg nicht in Sicht.

„Nur noch ein paar Minuten“, versicherte der Monarch.

Ludowika entfuhr ein Seufzer der Erleichterung. „Endlich“, stöhnte sie, „werde ich mein Kind in die Arme nehmen können!“

Doch in Laxenburg war es zuerst die Schwester, der sie begegnete. Während der junge Gatte sofort zu Sissy vorgelassen wurde, stellte sich die Erzherzogin Ludowika in den Weg.

„Schwesterherz!“ begrüßte sie sie. „Ich bin erleichtert über deine Ankunft. Du mußt dich umkleiden! Ich werde Sissy wissen lassen, daß du gekommen bist. Das Zimmer ist bereits voller Leute; so kannst du dich nicht blicken lassen. Ich hoffe, du hast Garderobe mitgebracht.“

„Sophie!“ schüttelte Ludowika verärgert den Kopf. „Wie kannst du nur so denken! Ich möchte zu meinem Kind – augenblicklich!“

„Wir sind nicht in Possenhofen, liebste Schwester“, versetzte Erzherzogin Sophie. „Man hat hier Rücksichten zu üben. Verzeih, aber es ist nun einmal so. Auch ich würde mich manchmal gern gehenlassen, gestatte mir aber keine Freiheit. Mein Sohn ist so erzogen, und die Kinder deiner Tochter werden es ebenso sein.“

In diesem Augenblick erschien Graf Grünne, dessen

Wagen nun ebenfalls angekommen war. Mit einer knappen Bitte, sie zu entschuldigen, ließ Sophie ihre Schwester stehen und lief auf den Grafen zu. Sie zog diesen sofort in ein Gespräch über organisatorische Fragen, die bevorstehende Taufzeremonie betreffend.

„Ist der Kardinal mit allem einverstanden?“ hörte Ludowika sie noch fragen, dann sah sie den Lakaien hinter sich stehen, den Sophie herbeibeordert hatte, um ihre Schwester nach einem für sie vorbereiteten Zimmer zu führen, wo auch bereits eine Zofe ihrer harrte.

Sophie war eine gute Organisatorin. Sie gab keine Sekunde lang das Szepter aus der Hand. Ihre Regentschaft war allgegenwärtig. Von einem Einfluß ihrer Tochter, der jungen Kaiserin, vermochte die Herzogin nichts zu merken.

Arme Sissy! Und was wird erst werden, wenn das Kind geboren ist? dachte sie.

In der Tat hatte Sophie alles gründlich vorbereitet. Es waren bereits Ammen, Kindermädchen, ja sogar schon künftige Erzieher bestellt. Sophie war gerüstet, gleichviel, ob es nun ein Knabe oder ein Mädchen sein würde.

Dieses junge Wesen jedoch, das sich nun anschickte, sich vom Leib der Mutter zu lösen, ahnte von alldem nichts. Man schrieb den 5. März 1855, und es war – *ein Mädchen.*

Franz Joseph ließ sich seine Enttäuschung nicht anmerken, er überschüttete die junge Mutter mit Küssen und Blumen. Das hatte sie auch verdient. Das Kind war hinter einem Paravent zur Welt gekommen, den Blicken der Anwesenden entzogen, und die Gebärende hatte dabei kaum ein Stöhnen vernehmen lassen.

Sophie wischte ihr eigenhändig den Schweiß von der Stirn, und Sissy fand von diesem Tage an zu einer neuen Anrede: „Madame Mère" nannte sie sie nun.

4
Gespräche unter vier Augen

„Ich kenne mein Baby kaum", klagte Sissy. „Franzl, wie kann ich dem Kind eine Mutter sein, wenn ich es kaum zu Gesicht bekomme?"

Franz Joseph sah seine Gattin verständnislos an. „Aber", sagte er, „eine Kaiserin muß doch nicht ihre Kinder selbst säugen, dazu gibt es gesunde, wohlgenährte Ammen, ausgewählte Frauen mit reichlich Milch!"

„Ach, Mann, du verstehst mich nicht! Es geht doch nicht nur um die Nahrung für die Kleine. Da gibt es doch noch viel mehr: die persönliche Nähe, die Wärme . . ."

„Das besorgen die Ajas . . ."

„Ach, die Ajas, die Ajas! Die kleine Sophie hat eine

Mutter, sie hat es nicht nötig, sich von Fremden in den Schlaf wiegen zu lassen!"

„Es ist an unserem Hofe nie anders gewesen, seit Menschengedenken! Sissy, du kannst dich nicht mit dem Kinderpflegen befassen, du hast andere Aufgaben! Mama hat es so angeordnet und alles arrangiert. Das ist ihre ureigenste Angelegenheit. Ich mische mich da nicht ein, mein Liebling. Ich weiß nur eines, daß Mama für uns alle nur das Beste im Sinne hat. Aber rede mit ihr. Du bist Sophiens Mutter, hast ein Recht, das dir niemand abstreiten kann."

Er nickte zerstreut, war offensichtlich in Gedanken schon wieder bei seinen Regierungsgeschäften. Rußland zeigte sich verstimmt wegen Österreichs Haltung in bezug auf des Zaren Gelüste auf die Türkei. Die österreichisch-russische Freundschaft war zerstört. Deshalb war zwar das gesamte diplomatische Korps zu den Tauffeierlichkeiten für die kleine Erzherzogin nach Wien angereist, doch weder der Zar noch sein Botschafter waren gekommen. Rußland, das mächtige Rußland hatte damit seine Mißbilligung gegenüber der Donaumonarchie zum Ausdruck gebracht.

Die Hoffnung war wieder einmal zunichte. Nichts würde sich ändern, Sissy wußte es. Hatte es überhaupt noch einen Sinn, ihrer allgegenwärtigen und allmächtigen Schwiegermutter Vorstellungen zu machen?

Sissy richtete ihren Blick flehentlich auf ein Bildnis der Muttergottes, das über ihrem Bett hing. Aber das

Bild blieb stumm. Dafür trat Mama Ludowika ins Zimmer. Die Herzogin machte ihren Abschiedsbesuch bei ihrer Tochter. Sie war – nicht nur mit Billigung, sondern sogar auf Anraten ihrer Schwester Sophie – länger als ursprünglich geplant in Wien geblieben.

„Ach, könnte ich doch mit dir nach Possi und meine Kleine mitnehmen!" klagte Sissy.

„Jetzt im Vorfrühling wäre es vielleicht gar nicht so ratsam", wiegte Ludowika bedenklich den Kopf. „Die Luft ist rauh, und Nebel liegt über dem Starnberger See. Der einzige, der jetzt gern auf dem Wasser ist, ist der Prinz. Sogar nachts sieht man ihn mit seinem mit Fakkeln beleuchteten Kahn auf dem See. Vielen ist der Mann unheimlich."

„Ach, Unsinn! Er ist ein Romantiker. Ich verstehe ihn. Nachts, auf dem Wasser, ist er allein. Er läßt seine Hofschranzen nicht an sich heran. Recht hat er! Ich wollte, ich könnte es so machen wie er."

„Hier ist es auch schön und viel prächtiger als in Possi", versuchte Ludowika Sissy zu trösten. „Und noch etwas: Dein Wunsch soll ja in Erfüllung gehen – aber erst, wenn die Jahreszeit danach ist. Ich komme eben von Sophie, wir haben uns voneinander verabschiedet und dabei das ausgemacht."

„Ist das auch wahr?" Sissy vermochte es kaum zu glauben. „Ach, Mama, es ist alles so schwer für mich. Einmal erscheint mir Tante Sophie gütig und verständnisvoll, dann wieder wuchtet sie förmlich eine Mauer rings um mich auf, und ich komme mir vor wie eine Gefangene.“

„Ich weiß, mein Kind“, sagte Ludowika bekümmert.

„Ich will doch jetzt nichts anderes, als das tun dürfen, was alle anderen Mütter auch tun. Aber wie soll das gehen, wenn ich gar nicht weiß, was mit meinem Kind geschieht!“

„Ach, mein armer Liebling.“ Die Herzogin küßte ihre Tochter zärtlich und entließ sie aus ihren Armen. „Sissy, ich weiß, wie dir zumute ist“, sagte sie leise und voll mütterlicher Zärtlichkeit. „Ich kann verstehen, wie schwer es dir fällt, dieses Leben zu leben. Aber es ist nun einmal dein Schicksal, Gott hat es so gewollt, und wir müssen es hinnehmen.“

„Muß ich das wirklich, Mama?“ zweifelte Sissy. „Was ist, wenn ich mich zur Wehr setze?“

„Du würdest alles wohl nur noch schlimmer machen.“

Sissy wandte sich ab, lief aufgeregt im Zimmer auf und ab und stellte sich schließlich, den Rücken ihrer Mutter zugewandt, an ein Fenster. „Weshalb sollte ich das nicht riskieren!“ sagte sie. „Weshalb nicht?“

„Du würdest dir deine Schwiegermutter auf ewig zur Feindin machen, Kind! Weißt du, was das heißt? Und was macht dich denn so sicher, daß du diesen Zweikampf gewinnen kannst?“

„Franzls Liebe zu mir macht mich sicher! Und meine Liebe zu ihm! Das ist es!“ gab Sissy zur Antwort und wandte sich wieder um. Ihr Gesicht glühte vor Erregung.

Sie ist eine Tigerin, die um ihr Junges kämpft, schlich sich ein schrecklicher Gedanke in das Hirn ihrer Mutter.

„Ich werde kämpfen um mein Kind, Mama", erklärte Sissy gepreßt.

„Du hast dein Leben in die Hand genommen, als du die Werbung des jungen Kaisers angenommen hast", erwiderte die Mutter, sich zum Gehen wendend. „Trotz aller gegenseitigen Liebe will es mir in diesem Moment scheinen, als hätte dein damaliger Entschluß dir nicht zum Segen gereicht."

„Wenn Franzl mich versteht, wird noch alles gut, Mama", entgegnete Sissy mit erwachender Zuversicht.

Die Herzogin antwortete nicht und ging zur Tür.

„Lebe wohl, Mama", sagte Sissy.

Sie warfen einander noch einen letzten Blick zu, dann schloß sich die Flügeltür hinter der Herzogin.

Die junge Kaiserin blieb mit ihren düsteren Gedanken allein zurück.

5
Familiendiner

Um sechs Uhr abends wurde im Alexandertrakt zum Familiendiner gedeckt. Nur das Kaiserpaar, die Eltern des Kaisers sowie Franz Josephs jüngere Brüder Max und Karl Ludwig nahmen heute daran teil.

Immer, wenn Sissy Erzherzog Karl Ludwig zu Gesicht bekam und dessen fragende und trauernde Blicke auf sich gerichtet fühlte, überzog eine leichte Röte der Verlegenheit ihr Gesicht. Sie erinnerte sich dann wohl an jene Tage in Innsbruck, als es in Wien wegen der Revolution nicht recht geheuer gewesen war und Sophie mit ihren Buben im Gefolge des Kaisers in der Innsbrucker Hofburg für eine Weile Frieden und Sicherheit gefunden hatte. Damals hatte sie Franz Joseph zum erstenmal zu Gesicht bekommen, und er hatte auf sie, die ja kaum noch den Kinderschuhen entwachsen war, gar keinen Eindruck gemacht. Dafür aber Karl Ludwig . . .

Oh, wie waren sie damals immer im Park spazierengegangen, hatten auf Bänken in den Lauben ihre heimlichen Plätzchen gehabt: Es war ein verträumter Sommer gewesen, voll der Ahnung eines ersten Liebesglücks.

Er und Sissy hatten einander kleine, unschuldige Geschenke gemacht und sich schließlich, als es ans Abschiednehmen ging, ewige Treue geschworen. Und sie hatten einander noch lange geschrieben und sich gegenseitig ihrer unverbrüchlichen Treue versichert. Und dann, in Ischl, war alles ganz anders gekommen . . .

Karl Ludwigs Liebe zu Sissy war weder Ludowika noch Sophie verborgen geblieben. Die Schwestern hatten sich amüsiert über die frühe Liebe zwischen zwei Kindern, die in ihren Herzen keine mehr waren.

Nur selten nahm Karl Ludwig an Familiendiners teil, diesmal aber tat er es auf Sophies ausdrücklichen Wunsch. Er hatte Urlaub von seinem Regiment und sah in seiner schmucken Uniform gut aus. Sophies Blicke wanderten prüfend zwischen ihm und Sissy hin und her.

Franz Joseph löffelte eilig seine Suppe und warf ein paar Worte über die Pariser Weltausstellung hin, die er, wie er äußerte, wohl oder übel werde besuchen müssen. Sissy hatte sich Diät auferlegt und aß nur wenig. Sie fühlte Karl Ludwigs Blicke fortgesetzt auf sich gerichtet, erwiderte sie aber nicht. Und dann spürte sie noch jemandes Blick auf sich ruhen: den ihres Schwiegervaters.

Mit einiger Verwunderung schaute sie von ihrem Teller auf und zu ihm hin und wurde aus seiner Miene nicht klug. Es lag eine merkwürdige Spannung über der Tafel, an der kaum geredet wurde und nur das diskrete Geräusch der Bestecke und der leise Schritt der bedienenden Lakaien hörbar waren.

Franz Joseph aß sehr schnell. Man hatte den Eindruck, er fürchte, wichtige Zeit zu versäumen. Kaum war er mit einem Gang fertig, wurden die Teller auch schon den übrigen Personen an der Tafel fortgenommen und der nächste Gang aufgetragen. Es war nicht einfach, mit dem jungen Kaiser Schritt zu halten, was man aber mußte, wenn man nicht hungrig von der Tafel aufstehen wollte.

Erzherzog Maximilian entschied sich soeben für gebratenen Fasan mit Salat und Kompott, hatte aber kaum so richtig zugelangt, als sein kaiserlicher Bruder schon den Marillenkuchen bringen ließ. Sophie ließ sich hernach das Schokoladedessert munden, oder wollte es zumindest, denn schon stand Franzl auf, und das war auch das Zeichen für alle anderen: Die Tafel war aufgehoben.

„Auf ein Wort . . . Sissy, ich möchte dich sprechen."

Erstaunt blickte Sissy ihren Schwiegervater an. „Aber gerne. Vielleicht im Billardzimmer, Papa?"

„Nein, mein Kind, dort sind wir nicht ungestört. Max und Karl Ludwig werden jetzt dort rauchen wollen. Es – betrifft dich und Franzl, mein Kind, und es wäre mir nicht unlieb, wenn auch er bei dem Gespräch zugegen sein könnte."

Als sie die Hoftafel verließ, mußte sie an Karl Ludwig vorbeigehen. Er stand an der Tür und starrte sie stumm an. Er tat ihr leid, und sie sprach ihn an.

„Servus, Karli!"

„Servus."

Sie wollte an ihm vorbei. Doch er griff nach ihrem Arm und hielt sie fest. Überrascht spürte sie seinen ungestümen, festen Griff.

„Die Zeiten haben sich geändert", sagte er mit leiser, bebender Stimme.

„Das ist nun so der Lauf der Welt, Karli." Sie machte sich von ihm los.

Karl Ludwig ließ Sissy noch nicht gehen. „Wir – werden uns ohnedies nicht so bald wiedersehen", erklärte er. „Ich werde wohl bald das Schicksal aller Erzherzöge erleiden."

„Das Schicksal aller Erzherzöge? Wie meinst du das?"

„Man wird mich verheiraten."

„Nun, nicht nur Erzherzöge heiraten", meinte Sissy mit gespielter Gleichgültigkeit.

„Ich wollt' dir nur Lebewohl sagen, weil ich so das Gefühl habe, daß es diesmal für längere Zeit sein wird . . . Man wird mich versetzen, irgendwohin, wo sich die Füchse gute Nacht sagen. Und ich weiß auch, wem ich das zu verdanken habe. Mama natürlich!"

„Deiner Mutter?"

„Aber selbstverständlich! Glaubst du denn, ich weiß nicht, wie sie jeden von uns mit Argusaugen überwacht? Sie führt auch gegen dich etwas im Schilde, ich spür' es. Sei vorsichtig, Sissy!"

„Sei unbesorgt, Karli – ich bin auf der Hut vor ihr, ich kenne ihre Macht, sie hat sie mich schon mehrmals deutlich genug fühlen lassen."

„Du mußt unbedingt versuchen, deinen Hofstaat nach deinem eigenen Gutdünken zu bestellen!“

„Daran habe ich auch schon gedacht“, sagte Sissy. „Aber das geht nicht so einfach.“

Erzherzogin Sophie hatte sich angelegentlich mit Maximilian unterhalten. Diesen Sohn liebte sie ganz besonders, machte gar kein Hehl daraus, und jeder wußte es. Wäre Franz Joseph nicht der ältere gewesen, wäre Maximilian auf den Thron gelangt, und Max zürnte den Jahren, die ihn daran gehindert hatten.

Sowohl Karl Ludwig als auch Sissy sahen die Erzherzogin kommen und hätten am liebsten den Saal verlassen, noch bevor sie sie hätte erreichen können. Doch das war natürlich unmöglich.

„Nun?“ fragte Sophie. „Hat sich Karl Ludwig verabschiedet?“

„Jawohl Mama, das habe ich“, kam der junge Erzherzog einer Antwort zuvor, die Sissy vielleicht als peinlich empfunden haben würde.

„Und du, Sissy?“

„Ich wollte gerade in mein Sekretariat.“

„Du wirst um diese Stunde niemand mehr dort antreffen. Bereite dich lieber auf das Gespräch mit Papa vor. Er hat dir, soviel ich weiß, einiges zu sagen.“

„Vielleicht habe auch ich ihm einiges zu sagen.“

Sissy stand starr und steif da. Von Sophie also ging das aus! Nun, sie hätte es sich denken können.

Sophie spürte instinktiv den Widerstand, der sich in

ihrer Schwiegertochter regte. „Auch andere Leute machen sich Sorgen, nicht nur ich!“ sagte sie bestimmt. „Und dein Schwiegervater hat wohl alles Recht dazu, sich mit dir darüber auszusprechen.“

„Ich spreche es ihm ja gar nicht ab, Mama“, erwiderte Sissy und sah die Erzherzogin voll an. „So, wie es auch mir erlaubt ist, mir Sorgen und Gedanken zu machen. Es ist mir sogar sehr lieb, mich mit meinem Schwiegervater aussprechen zu dürfen. Ich hatte nur nicht den Eindruck, daß ihn meine Probleme besonders interessieren würden.“

Die Erzherzogin biß sich auf die Lippen. Sie hatte eine Entgegnung auf der Zunge, unterließ es aber, sich zu äußern. Sissy drehte offenbar den Spieß um. Vielleicht war es doch kein so guter Gedanke gewesen, ihren Mann mit diesem Gespräch zu betrauen.

„Er möchte auch mit Franzl darüber sprechen“, sagte Sissy.

„Soo?“ Sophies leichte Ironie war nicht zu überhören. „Das ist vielleicht kein so übler Gedanke. Damit trifft er zwei Fliegen mit einem Schlag.“

„Und du . . . wirst nicht anwesend sein?“ forschte Sissy.

„Ich?“ wehrte Sophie mit scheinbarer Entrüstung ab. „Wo denkst du hin! Ich menge mich da nicht ein. Er soll seine Ansichten äußern. Es ist sein Recht und seine Pflicht, das zu tun, wenn er etwas nicht in Ordnung findet.“

„Du hast es ja auch gar nicht nötig, dabeizusein, Mama.“ Karl Ludwig grinste impertinent. „Du weißt doch ohnehin alles und bist immer im Bilde.“

„Ich denke, du hast dich verabschiedet, mein Sohn“, versetzte Sophie, die Lippen verziehend.

„Von Sissy ja, aber noch nicht von dir! Das tue ich hiermit ergebenst“, sagte der junge Erzherzog, verneigte sich kurz vor den beiden Damen und ging.

6
Die kaiserliche Kinderstube

Wäre es streng nach dem Reglement gegangen, dann hätte Erzherzog Franz Karl niemals seinen Sohn und dessen Ehefrau in sein Appartement bitten dürfen. Denn der Sohn war der Kaiser. Doch in einer streng familiären Angelegenheit nahm man's nicht so genau. Franz Joseph war dennoch verstimmt, aber nicht aus Gründen der Rangordnung, sondern weil ihm die Gespräche mit seinen Generälen wichtiger waren.

Die Russen standen auf dem Standpunkt, Franz Joseph hätte zumindest Ungarn verloren, wären sie ihm während des blutigen Aufstands der Magyaren nicht mit ihren Truppen zu Hilfe gekommen. Sie glaubten, ein Anrecht darauf zu haben, daß nun Österreich seinerseits sie militärisch gegen die Türken unterstützte. Österreich-Ungarn hatte sich aber als neutral erklärt. Früher oder später konnte das üble Folgen haben. Im Augenblick war nichts zu befürchten, aber man mußte gerüstet sein.

Sissy ließ sich zur vereinbarten Stunde bei ihrem Schwiegervater anmelden. Der erhob sich bei ihrem Eintreten und empfing sie mit verlegenem Lächeln. Auf seinem Schreibtisch verbreitete eine Tischlampe gedämpfte, flackernde Helle und beleuchtete sein hageres, schon von etlichen Falten durchzogenes Gesicht.

„Franzl ist noch nicht da", stellte er bekümmert fest. „Aber ich fürchte fast, es hat wenig Sinn, auf ihn zu warten. Aus der Militärkanzlei ist mir bekannt, worum es heute abend geht. Eine heikle Angelegenheit, mein liebes Kind!"

Sissy wußte nicht recht, was sie von dieser Einleitung halten sollte. Ihr klang nur Karlis Warnung im Ohr, und sie sah einigermaßen besorgt zu ihrem Schwiegervater auf, gewahrte in dessen Gesicht aber nur wohlwollende väterliche Zuneigung.

„Setzen wir uns doch", lud er sie ein.

Er wartete, bis die junge Kaiserin ihm gegenüber in einem der rotgepolsterten, weiß-gold verzierten Barockstühle Platz genommen hatte, und ließ sich dann, indem er sich einen Stuhl heranzog, ihr gegenüber nieder.

„Du bist in den letzten Wochen noch hübscher geworden“, stellte er fest. „Du brauchst dir keine Gedanken über dein Aussehen zu machen. Du bist mit Abstand das hübscheste weibliche Wesen an diesem Hof, für jeden Männerblick eine Augenweide.“

„Ich danke für das Kompliment, Papa.“

„Es ist keines – es ist vielmehr die Feststellung einer Tatsache. Mama sorgt sich, daß du dich in deinen Bemühungen um dein Aussehen überflüssigen Kasteiungen unterziehen könntest. Man hat ihr berichtet, daß du sogar in kaum bekleidetem Zustand körperliche Bewegungen machst. Sie fürchtet, das könnte deiner Gesundheit abträglich sein.“

Sissy sah ihn verwundert an. „Aber im Gegenteil!“ rief sie aus. „Das ist sogar sehr gesund! Das machen bei uns die Kinder auf dem Lande!“

„Du läßt aber dabei sogar deine Fenster öffnen!“

„Natürlich, Papa! Wegen der frischen Luft! Die braucht man doch bei solchen Übungen!“

„Aber man könnte dich doch dabei beobachten?“

Sissy lachte herzlich. „Eine so hohe Leiter hat nicht einmal unsere Feuerwehr!“ Außerdem sind die Spitzengardinen vorgezogen, durch die bestimmt niemand durchsehen kann.“

Sie sah ihn offen an. Sein Gesicht glättete sich, um sich aber gleich darauf wieder Sorgenfalten zuzulegen.

„Du reitest sehr viel. Mitunter, so sagt man, sogar im Herrensattel. Bist du dir im klaren darüber, daß das für eine Frau verhängnisvolle Folgen haben kann?“

„Aber Papa, schon als Kind bin ich mit meinem Vater so durch den Wald geritten . . ."

„Du bist aber nun kein Kind mehr, Sissy!" unterbrach sie der Erzherzog. „Du bist eine Frau, eine Mutter, ein Mensch, der im Licht der Öffentlichkeit steht! Bedenke auch, daß solche Geschichten unter Umständen durch Journalisten Verbreitung finden und Anstoß erregen könnten!"

Aus seinen Worten hörte Sissy die Schwiegermutter reden; es waren ihre Ansichten und Mahnungen, die aus seinem Munde tönten.

„Gut", beschied sie sich willig, „ich werde in Hinkunft nur noch im Damensattel reiten, wenn es so recht ist."

„Sehr vernünftig, mein liebes Kind", lobte der Erzherzog sichtlich erleichtert.

„Und was möchte Mama mich sonst noch wissen lassen?" fragte sie mit unüberhörbarer Ironie.

Er merkte es wohl, ließ sich aber nicht verstimmen und ging nicht darauf ein. „Alles das", ergänzte er vielmehr, „soll dazu dienen, eine künftige Mutterschaft nicht zu beeinträchtigen, sondern vielmehr zu erleichtern."

„Wenn ich an unsere Landfrauen in Bayern denke – die bewegen sich viel, viel mehr, sind gesund und haben gesunde Kinder."

Insgeheim gab er ihr recht. „Das ist ein anderer Menschenschlag", wandte er ein.

„Ach, Papa, das ist doch bloß unsere eigene Schuld,

daß unsere Kinder so verzärtelt heranwachsen müssen. Was wir brauchen, ist eben frische Luft in den Zimmern unserer Schlösser, und weniger Staub, dafür mehr Natur!"

Jetzt lachte der Erzherzog herzlich. „Du bist sehr nach deinem Vater, dem Herzog Max, geraten", stellte er amüsiert fest.

„Und ich höre meine verehrte Schwiegermama aus deinen Worten", versetzte Sissy schnippisch.

„Mein Kind, sie meint es doch gut."

„Und bei diesem Gespräch sollte mein Mann zugegen sein? Ach, Papa, Franzl ist jung wie ich. Er gehört einer anderen Generation an – deshalb hat man ihn ja zum Kaiser gemacht. Er ist die Hoffnung der Jugend!"

„Ja, so ist es. Aber diese Hoffnung kann nicht für sich bestehen ohne eine zweite Hoffnung: die auf einen Thronerben."

Das war ernst gesagt, und Sissy seufzte betroffen.

„Der liebe Gott weiß, was ich darum gegeben hätte, wäre es ein Bub und kein Mädchen geworden."

„Vielleicht – so hoffen wir alle – klappt es beim zweiten Mal!"

Nun wurde Sissy blutrot. „Ach, Papa", klagte sie, „es ist doch nicht meine Schuld! Es war so Gottes Wille."

„Gewiß. Und wir haben dankbar hinzunehmen, was er uns beschert hat – unsere kleine Prinzessin Sophie, die nun mit allen Rechten und Pflichten eines Kindes der Krone aufgezogen wird."

„Und die darum nicht das Recht hat, sich von ihrer Mutter nähren und wiegen zu lassen?“

„Sissy, du mußt für eine andere Aufgabe frei und unbehindert sein – die Aufgabe einer neuen Mutterschaft!“ erklärte der Schwiegervater mahnend.

„Ich soll also fort und fort gebären – wie ein Automat?!“ rief Sissy entsetzt aus.

„Die Kaiserin ist in erster Linie Mutter! Sie sollte vom ganzen Volk als mütterliches Vorbild gesehen werden können. Eine Mutter des Reiches – wie Maria Theresia eine war!“

Sissys Schluchzen war versiegt. Sie sah plötzlich eine trostlose Zukunft vor sich. „Ich bin also eine Gefangene“, stellte sie fest.

„Nein, nein“, wehrte er ab und wendete sich wieder ihr zu. „Du hast das Glück, eine Liebesheirat eingegangen zu sein. Solch ein Glück wird in unseren Kreisen nicht jeder Frau zuteil. Es dürfte dir daher nicht schwerfallen, die Erwartungen, die man in dich setzt, zu erfüllen!“

Sissy erhob sich plötzlich. „Verzeih, Papa – ich möchte dieses Gespräch beenden“, erklärte sie.

„Ich verstehe“, stellte er fest. „Also, leb wohl, Sissy. Und bedenke: Du liebst doch deinen Mann!“

„Aber wo ist er denn?“ fragte sie mit einer hilflosen Geste.

7
Die Frau im Hintergrund

Tatsächlich kam Franzl ziemlich spät und suchte sein spartanisch eingerichtetes Schlafzimmer auf, ohne das Gemach seiner jungen Gattin zu betreten. Er war von der Last des Tages und seiner Regierungsgeschäfte übermüdet, befahl seinem Leibdiener, ihn schon mit dem Morgengrauen zu wecken, und schlief danach fast augenblicklich auf seiner harten Soldatenmatratze ein.

Sissy hingegen lag wach. Noch einmal rief sie sich das Gespräch mit ihrem Schwiegervater ins Gedächtnis zurück. Warum hatte Sophie ihm diese Aussprache überlassen? Und auch Franzl hätte noch dabeisein sollen, um das Maß an Peinlichkeit vollzumachen.

Sophie war eine Frau, die an keinerlei Minderwertigkeitskomplexen litt. Aus all diesen Gründen paßte, was an diesem Abend vorgefallen war, eigentlich gar nicht zu ihr.

Wie Sissy selbst stammte auch ihre Schwiegermutter aus dem ländlichen Raum. Als sie noch jünger war, galt sie als ausgesprochen lebenslustige und volksnahe Prinzessin, und an dieser Einstellung hatte sich im Grunde wohl bis heute nichts geändert. Bloß die Erfordernisse ihrer Stellung am Wiener Hof – schließlich war sie durch ihre Heirat zur Kronprinzessin geworden – hatten ihre Interessen zwangsläufig verändert.

Sissy war noch nicht lange am Wiener Hof gewesen, als ihr der Tratsch schon zutrug, ihre schwiegermütterliche Tante wäre die Geliebte des blutjungen Herzogs von Reichstadt gewesen und ihre „Affenliebe“ für ihren Sohn Maximilian rühre daher, daß dieser keineswegs dem ehelichen Lager, sondern vielmehr jenem Seitensprung entstamme. Mochte diese Geschichte nun wahr sein oder nicht, sie ließ doch erkennen, daß Sophie offensichtlich kein Kind von Traurigkeit gewesen war.

Aber vielleicht gab es Dinge und Personen in ihrem Leben, die jetzt noch Einfluß ausübten? Vielleicht war Tante Sophie gar nicht die letzte Instanz, vielleicht gab es hinter ihr noch eine Person im verborgenen, deren Einflüsterungen sie Gehör schenkte.

Sie traf Franzl beim Frühstückstisch. Sie hatte die Absicht auszureiten. Der Augarten war jetzt im Frühling wunderschön, es gab dort prächtige Reitalleen. Aber sie wollte nur die Bellegarde mitnehmen. Eine „Anstandsdame“ war Pflicht, und die Bellegarde war die einzige, die nicht für Tante Sophie spionierte.

„Reite nur, Liebling, wenn es dir Freude macht“, meinte Franzl. „Dann sehen wir uns ja an der Tafel . . .“

„Gewiß, Franzl, das werden wir“, sagte Sissy. Es war wohl hoffnungslos, mit ihm von einem längeren Beisammensein zu sprechen. Wie man sich wohl unter diesen Umständen vorstellte, daß die junge Kaiserin ihrer „Pflicht“ nachkäme?

Franzl küßte sie flüchtig auf die Stirn und entschwand dann in den Reichskanzleitrakt, um sein Arbeitszimmer aufzusuchen.

Eine halbe Stunde später ritt sie mit der Gräfin Bellegarde gemächlich durch eine der einander überkreuzenden Alleen des Augartens, der Kaiser Josephs Lieblingsaufenthalt gewesen war.

„Gräfin“, begann Sissy, „ist es möglich, daß ich hier am Hofe eine Person von Einfluß noch nicht kenne? – Von Einfluß auf meine erlauchte Frau Tante und Schwiegermama, meine ich?“

Die Gräfin schüttelte den Kopf und betrachtete die junge Kaiserin an ihrer Seite prüfend. „Nicht, daß ich wüßte, Majestät“, gab sie nachdenklich zur Antwort. „Es sei denn, Majestät meinen Personen außerhalb des Hofes. Es gibt auch solche, mit denen Ihre Hoheit gelegentlich verkehrt. Doch haben diese wohl kaum auf die Entscheidungen der Erzherzogin nennenswerten Einfluß.“

Die Gräfin erriet, daß Sissys Frage in Zusammenhang mit dem gestrigen Gespräch mit ihrem Schwiegervater stand. Doch sie wagte nicht, nach dessen Inhalt zu fragen. Das blieb ihr auch erspart, denn die Kaiserin begann selbst darüber zu sprechen.

„Gestern abend“, sagte sie, „machte mich mein Schwiegervater darauf aufmerksam, daß gewisse Gewohnheiten – Reiten im Herrensattel, körperliche Bewegungsübungen – meiner Aufgabe, für allerhöchsten Nachwuchs zu sorgen, entgegenstünden. Er gemahnte mich an meine Pflicht, einem Thronfolger das Leben zu schenken, auf eine Weise, die weder seinem noch dem Denken meiner Tante zu entsprechen scheinen. Eher dem einer Person, die vom Leben bei Hof nicht ganz zutreffende Vorstellungen hat."

„Frau Kuschl", sagte die Gräfin nach kurzem Nachdenken."

„Frau Kuschl? Wer ist das?"

„Eine Bäuerin", erklärte die Gräfin schmunzelnd. „Eine Art Kräuterweib. Sie lebt im Semmeringgebiet, und die Erzherzogin verschwindet von Zeit zu Zeit spurlos und haust dann dort in ihrer Hütte – um auszuspannen, wie sie angibt."

„Was wissen Sie über sie?" fragte Sissy mit steigendem Interesse.

„Nun, man sagt, diese Frau – sie soll übrigens nur wenig älter sein als die Erzherzogin – habe dieser einmal vor Jahren bei einer argen Erkrankung mit einer Kräuterkur geholfen."

„Das hätte ich ihr gar nicht zugetraut", gestand Sissy. „Dann muß meine Frau Tante aber wirklich großen Wert auf die Weisheiten dieser Frauensperson legen."

„Das tut sie offenbar wirklich."

„Diese Frau Kuschl möchte ich gerne einmal kennenlernen."

„Ich kann mir nicht denken, Majestät, daß dies Ihrer kaiserlichen Hoheit genehm sein würde“, äußerte die Gräfin ihre Bedenken.

„Sie muß ja gar nichts davon wissen“, überlegte Sissy. „Es würde mich wirklich reizen! Vielleicht finde auch ich Gefallen an dieser Person. Es muß etwas an ihr sein, was meine Frau Tante, die doch von sehr kritischem und nüchternem Verstand ist, fasziniert.“

In Sissy erwachte die Lust auf ein Abenteuer. „Ist es sehr weit bis dahin, wo diese Frau Kuschl zu finden ist?“ fragte sie mit brennenden Wangen.

„Nun, anderthalb Tagesreisen sind es wohl . . . und auf beschwerlichen Straßen! Es ist eine gebirgige, waldreiche Gegend.“

„Waren Sie schon einmal dort?“

„O ja, der Arzt verschrieb mir vor Jahren eine Art Kur. Die Luft ist dort sehr reich an Sauerstoff, müssen Sie wissen, Majestät. Und das ist sehr heilsam und kräftigend für die Lungen. Von meinem Hüsteln, an dem ich vordem hartnäckig litt, war keine Spur mehr zu bemerken.“

„Um also wie Sie dorthin zu kommen, müßte ich also einen hartnäckigen Husten kriegen“, fand Sissy.

Die Gräfin schmunzelte.

So ritten die beiden Frauen denn eine gute Stunde dahin und berührten das Thema in ihren Gesprächen nicht mehr. Aber Sissys Gedanken kreisten immer wieder um diese geheimnisvolle Frau aus dem Semmeringgebiet.

Als sie auf dem Rückweg wieder die Bastei erreichten, gerieten sie in eine Ansammlung begeisterter Wiener, die die schöne junge Kaiserin erkannten und ihr zujubelten.

„Eure Majestät sind beim Volk beliebt“, stellte die Gräfin befriedigt fest.

„Ich wäre wohl noch beliebter, wenn ich bereits einen Kronprinzen geboren hätte“, meinte Sissy, und ein Zug von Bitterkeit grub sich um ihren Mund. „Aber – wer weiß, vielleicht hole ich mir diesbezüglich noch von Frau Kuschl Rat.“

„Majestät sind jung und gesund – da sind wohl solche Kräuter gar nicht nötig“, meinte die Bellegarde.

„Sagen Sie das nicht, meine Liebe! Manchmal muß man der Vorsehung ein wenig nachhelfen“, fand jedoch Sissy, ihr gute Laune wiederfindend. „Meine Schwiegermutter hat in Laxenburg das Allerheiligste aussetzen lassen, vermutlich, damit es ein Bub wird, und es hat nichts genützt.“

Die Bellegarde schüttelte jedoch den Kopf. „Eure Majestät tun ihr und dem Allerheiligsten unrecht!“ widersprach sie. „Ihre Hoheit wäre untröstlich gewesen, hätten Eure Majestät bei der Geburt Schaden genommen.“

„Sie tat es also gar nicht meinetwegen?“ fragte Sissy überrascht.

„Sie hatte wohl alle drei im Sinn: Eure Majestät, den Kaiser und das Kind . . .“

8
Der Semmering-Plan wird Wirklichkeit

Auch der Leibarzt, der Sissy sorgfältig untersuchte und abklopfte, fand schließlich, daß ein Aufenthalt in frischer Höhenluft ihr guttun würde. „Aromatische, würzige Luft kräftigt die Konstitution ungemein", erklärte er.

Dr. Widerhofer war eine Kapazität. Gegen das, was er sagte, gab es keinen Widerspruch.

„Ich habe schon so viel von diesem Semmering erzählen hören", ließ Sissy wie beiläufig vernehmen.

„Der Semmering? – Hm, das ist keine schlechte Idee. Wie geschaffen dafür."

Schwiegermutter Sophie, die natürlich dieser Visite beiwohnte, blinzelte zustimmend. „Zwei Wochen werden reichen", meinte sie. „Danach wird sie sich wie neugeboren fühlen. Zwei Wochen, allenfalls drei, länger kann sich Ihre Majestät den Pflichten nicht entziehen. Im Sommer ist ohnedies für das Kaiserpaar ein Aufenthalt in Possenhofen vorgesehen. Juli am Starnberger See, August in Ischl."

„Das ist sehr vernünftig", lobte Widerhofer.

Als er gegangen war und sich auch die Erzherzogin

entfernt hatte, erschien Obersthofmeisterin Gräfin Esterházy-Liechtenstein und legte Sissy eine Liste von sage und schreibe sechzehn Bedienten und Damen vor, die sie auf den Semmering mitnehmen sollte.

„O nein“, rief Sissy, „ich nehme nur die Gräfin Bellegarde mit, sonst niemand!“

„Aber Eure Majestät benötigen doch eine Friseuse, Zofen, einen Leibkoch und . . .“

„Nichts dergleichen benötige ich!“ unterbrach Sissy. „Anziehen kann ich mich selbst, frisieren kann ich mich selbst, und essen werde ich, was in dem Haus, in dem ich wohnen soll, auf den Tisch kommt. Ich genehmige diese Begleitung nicht! Sagen Sie das Ihrer Kaiserlichen Hoheit. Nur die Bellegarde, sonst niemand, und dabei bleibt's!“

Kaum war die Esterházy gegangen, erschien auch schon Sophie und machte Sissy Vorhaltungen. Für eine Kaiserin gezieme es sich nicht, ohne jede standesgemäße Begleitung zu reisen. Wer solle denn die vielen Gepäckstücke transportieren und deren Inhalt betreuen? Und schließlich, wenn Sissy ausfahren wolle, würde sie doch wohl Kutscher und ein Gespann benötigen, das seinerseits wieder Stallknechte nötig mache.

„Und wer soll dir des Morgens das Korsett schnüren und es abends wieder aufmachen?“ trumpfte Sophie am Ende auf, als Sissy zu alldem nur immer wieder verneinend den Kopf schüttelte.

„Niemand, denn ich werde gar keines anziehen!“

Sophie starrte sie groß an. Noch nie hatte ihr jemand so entschieden Widerstand entgegengesetzt. „Mach, was du willst", erklärte sie schließlich. „Aber versuche erst einmal, deinem Mann klarzumachen, daß du wie eine Eingeborene leben willst."

„Genau das will ich!" nickte Sissy.

„So wie dein Vater, der sich auch in Lederhosen und mit Gamsbart in den Wirtshäusern in der Umgebung von Possenhofen herumtreibt und mit der Bevölkerung fraternisiert . . ."

„Er ist beliebt bei allen Leuten", erklärte Sissy. „Und soviel ich weiß, chère Maman, bist auch du nicht immer so gewesen, wie du dich heute gibst!"

Darauf wußte Sophie nichts zu erwidern. Sie blickte Sissy nur überrascht an und entfernte sich danach wortlos.

Jetzt wird sie sich gewiß hinter Franzl stecken! Nun, das stehe ich auch noch durch!

Sissy hatte die Erlaubnis, „durch die Kammer", also ohne vorherige Anmeldung, bei Franz Joseph zu erscheinen, und suchte ihn daher sofort in seinem Arbeitszimmer auf. Aber sosehr sie sich auch beeilte, seine Mutter war schon vor ihr dagewesen.

Franz Joseph, der über einem Berg von Meldungen, den Krimkrieg betreffend, und die damit zusammenhängenden politischen Aktivitäten des Zarenhofes brütete, sah sich schon wieder in seiner wichtigen, die Sicherheit des Reiches betreffenden Überlegungen gestört und sah

Sissy unwillig entgegen. „Hat das nicht Zeit bis zum Diner?“ fragte er. „Mama ist schon hiergewesen, ich weiß alles. Du stellst dich wieder einmal in unvernünftiger Weise gegen ihre gutgemeinten Entscheidungen.“

„Aber . . . wenn sie selber auf den Semmering fährt, läßt sie sich dann auch von einem ganzen Troß begleiten?“

Franz Joseph seufzte auf. „Ihr macht mir beide das Leben sauer“, stellte er verärgert fest.

„Armer Franzl“, bedauerte ihn Sissy und strich ihm übers Haar.

„Na schön“, brummte er, „mach, was du willst, und stör mich bitte nicht bei meiner Arbeit. Ich habe wichtige Entscheidungen zu treffen, und ihr behelligt mich damit, ob du eine Friseuse mitnehmen sollst oder nicht!“

Sissy fand, es sei wirklich das klügste, still zu gehen. Kaum hatte sie die Tür hinter ihr geschlossen, als sie auch schon die Gräfin umarmte, die auf dem Korridor auf sie gewartet hatte. „Alles in Ordnung!“ rief sie. „Gräfin – wir beide fahren allein!“

„Das freut mich aber“, sagte die Gräfin lächelnd. „Majestät werden sich bei diesem Urlaub wirklich erholen. Aber in einem Punkt hat Ihre Kaiserliche Hoheit recht; Wir brauchen eine Kutsche samt Kutscher und Pferden.“

„Ich kann mit Pferden umgehen!“ erklärte Sissy. „Ich kann den Wagen selbst lenken!“

„Unmöglich, Majestät!“ entsetzte sich nun auch die Bellegarde. „Eine Kaiserin auf dem Bock!“

„Seit zwei Jahren fährt doch die Eisenbahn über den Semmering“, fiel Sissy ein: „Die neue Bahn soll ein Wunderwerk der Technik sein! Wozu also dann noch eine Hofkutsche?“

„Das ist keine schlechte Idee. Wenn Eure Majestät befehlen, werde ich alles arrangieren! Majestät erhalten einen Hofwagen für die Fahrt. Und dann soll man uns eine Kutsche zum Bahnhof entgegenschicken. Aber wo sind wir überhaupt untergebracht?“

„Stellen Sie das fest, Bellegarde! Ein einfaches Forsthaus oder ein Dorfgasthof wären mir am liebsten!“

„Liebe Kuschl,

meine kaiserliche Schwiegertochter ist wie alle verrückten jungen Leute dieser Zeit, die alles besser wissen und verstehen wollen als wir.

Die Kaiserin reist nach ihrem eigenen Willen ohne jede Begleitung bis auf Gräfin Bellegarde, zu der sie besonderes Vertrauen gefaßt hat. Die Gräfin versteht sich aber nicht auf das Grobe. Gehen Sie also der Frau Försterin Kienagl mit Rat und Tat zur Hand und sehen Sie zu, daß die Kaiserin in ihrem jugendlichen Überschwang nicht Touren unternimmt, die ihr schaden könnten. Sie soll tüchtig essen und sich erholen. Wir hoffen alle, daß uns die Vorsehung eines Tages gnädig gesinnt ist und die Kaiserin uns einen Thronfolger beschert; sie ist uns daher besonders kostbar!

Sophie
Erzherzogin von Österreich"

9
Die Kuschl

Als Sissy sie kennenlernte – zu ihrer großen Überraschung brauchte sie weder nach ihr zu fragen oder gar nach ihr zu suchen, sondern Frau Kuschl trat ihr gleich zusammen mit den Forstleuten an der Tür des Försterhauses entgegen –, war Katharina Kuschl eine recht ansehnliche Frauensperson nahe den Sechzig. Sie war ganz offensichtlich eine resolute Frau, die mit beiden Beinen im Leben stand.

Wahrscheinlich war es dieser Umstand, der Sophie an ihr so imponierte. So unterschiedlich in ihrer Herkunft sie auch sein mochten, so waren sie doch augenscheinlich geistesverwandt.

„Majestät – herzlich willkommen! Nehmen Sie Brot und Salz und trinken Sie einen Schluck Wein zum Willkomm. Möge der Herr Ihren Eintritt segnen!"

„Sie sind also Frau Kuschl?" sagte Sissy.

„Zu dienen, Majestät“, bestätigte diese mit offenem Lächeln. „Ich hoffe, Majestät sind mit dem Bescheidenen, womit wir aufwarten können, zufrieden. Wie bei Hofe ist es hier freilich nicht!“

„Das will ich auch hoffen, deswegen bin ich ja hier!“ rief Sissy unverblümt aus. „Frau Kuschl, ich bin ein Mädchen vom Lande. Mir steckt noch das liebe Possenhofen im Blut!“

„Ich weiß, und das macht Ihrer Kaiserlichen Hoheit ja solche Sorgen.“ Frau Kuschl lächelte verständnisvoll.

Auch die Förstersleute wurden Sissy vorgestellt. Alle fanden Gefallen aneinander, und merkwürdigerweise war es jetzt die Gräfin Bellegarde, die nun ein wenig wie ein Fremdkörper wirkte. Aber sie gab sich redliche Mühe, diesen Eindruck zu verwischen.

Die ersten Tage vergingen wie im Fluge. Alles war neu für Sissy und doch vertraut. Als Kind hatte sie manchmal ihren Vater zur Jagd begleitet, und als sie nun den Wunsch äußerte, mit den Jägern ins Revier zu gehen, fand sie das selbstverständlich, die anderen jedoch waren höchst erstaunt.

„Ich will ja nicht auf Tiere schießen!“ verteidigte sich Sissy. „Ich will sie nur sehen und wieder den Wald erleben dürfen.“

Als Sissy dann tatsächlich vom Oberförster Steinlechner mitgenommen wurde – er hatte sich lange genug dagegen gesträubt –, wunderte er sich über Sissys Ausdauer und Gewandtheit. Und als sie nach einem langen Waldgang durchs weitläufige kaiserliche Jagdrevier wieder heimwärts gingen, zeigte sich Sissy gar nicht müde und labte sich zu Hause ungeniert an einem vollen Tonkrug Milch.

„Ach, das tut aber gut!“ rief sie aus, „jetzt würde ich mich am liebsten in der Sonne ausstrecken!“

„Ich weiß eine hübsche Wiese hier in der Nähe“, sagte Frau Kuschl, „wo Majestät das unbesorgt tun können. Es gibt auch eine wunderhübsche kleine Kapelle hier in der Nähe. Ein Holzfäller verunglückte an diesem Ort, und seine Hinterbliebenen haben ihm zu Gedenken einen Bildstock errichtet. Man sagte, es ginge eine wundertätige Kraft von ihm aus, und so ist im Lauf der Zeit eine Kapelle daraus geworden, zu der viele Leute hinpilgern.“

„Eine wundertätige Kraft? – Oh, da muß ich hin!“ sagte Sissy. „Führen Sie mich hin, liebe Frau Kuschl!“

Die beiden Frauen gingen zu der Wiese. In den verschneiten Wintermonaten landeten hier die Schlitten der Holzzieher, die von den höher gelegenen Holzschlagplätzen die entästeten Stämme zu Tal fuhren.

Lange stand Sissy vor dem bescheidenen Kapellchen und betete. Frau Kuschl stand still abseits und sprach kein Wort.

Sissy betete für ihr Kind, die kleine Sophie. Sie betete für Franzl und daß ihr Wunsch nach einem Knaben in Erfüllung gehen möge. Sie betete um das Wohlergehen ihrer Eltern, Geschwister und schließlich sogar für Erzherzogin Sophie, damit es ihnen beiden gelänge, ein besseres Einvernehmen zwischen ihnen herzustellen.

Als sie sich von der Kapelle abwandte, sprach Frau Kuschl sie an. „Hier ist die Wiese, Majestät. Ich habe Decken mitgebracht, die wir aufbreiten können."

„Ja, ein wenig möchte ich ruhen", sagte Sissy.

Umsummt von Bienen ruhten sie nun am Waldesrand, und ihr Blick schweifte in die frühlingsvolle Ferne.

„Ich habe ein wenig nachgedacht, Majestät", begann Frau Kuschl ernst. „Majestät könnten haben, wonach sich Majestät so sehnen und was Majestät fehlt, bezüglich des gewohnten Lebens, meine ich."

„Was meinen Sie, Frau Kuschl?"

„Es gibt eine Anhöhe hinter dem Schloß Schönbrunn. Ich kenne sie, ich bin dort gewesen. Dort steht ein Bauerngehöft. Erzherzog Johann hat es, als er noch in Wien lebte, errichten lassen. Er mußte Tirol verlassen, und bevor er endgültig vom Hof Abschied nahm und in die Steiermark zog, hat er sich dort oben ein Refugium geschaffen. Man sagt übrigens, er habe dort heimliche Zusammenkünfte mit Andreas Hofer und seinen Abgesandten gehabt während des Kampfes um Tirol!"

„Schön, aber was hat das mit mir zu tun?"

„Majestät sollten sich dieses Gehöft einmal ansehen. Es liegt oberhalb des Tiergartens. Und es verfällt, weil es schon lange nicht mehr benützt wird. Aber es wäre wohl ohne großen Aufwand wiederherzustellen."

„Was Sie sagen, fängt an, mich zu interessieren“, bekannte Sissy.

„Und Majestät könnten doch aus Possenhofen Ihre Lieblingstiere, die sie dort zurücklassen mußten, nach Wien kommen lassen, Ihre Ponys, ja auch Kühe und Schafe, denn es gibt Ställe dort, die man nur wieder instand setzen muß!“

„Das ist ja eine ganz prächtige Idee! Frau Kuschl, Sie sind ein richtiger Schatz!“ rief Sissy begeistert.

Frau Kuschl lächelte geschmeichelt.

„Majestät könnten“, fuhr sie fort, „auch mit den Kindern, die Sie haben werden, zu diesen Tieren gehen. Die Kinder könnten dort spielen und die Liebe zu den Tieren erfahren. Sie selbst lieben ja auch Tiere sehr, wie ich weiß.“

„Das werde ich tun, ganz gewiß“, sagte Sissy. „Oh, wie dankbar ich Ihnen doch bin, Frau Kuschl! Ich werde sofort meiner Mutter schreiben!“

Dann braucht die junge Kaiserin erst gar nicht zu ihrer Schwiegermutter von ihrem Plan zu sprechen, dachte Frau Kuschl im stillen. Da die Erzherzogin Sissys Briefe immer zu lesen bekommt, bevor sie mit der Post abgehen, weiß sie dann ohnedies Bescheid. Laut aber sagte Frau Kuschl: „Ich glaube auch nicht, daß man Eurer Majestät Hindernisse in den Weg legen wird, wenn Sie den alten Tirolerhof des Erzherzogs wieder herrichten. Auch halte ich die Kosten für nicht allzu hoch. Seine Majestät wird sie gewiß, um Majestät eine

Freude zu bereiten, gern aus seiner Privatschatulle bestreiten."

Es folgten noch viele schöne Tage auf dem Semmering, bis die zwei Wochen zur Neige gingen. Nicht nur die junge Kaiserin, auch die Gräfin Bellegarde erholte sich glänzend. Beide sahen frisch und gesund aus und hatten gerötete Wangen und glänzende Augen, als sie den Sonderzug bestiegen, der sie wieder zurück nach Wien bringen sollte.

Die Begegnung mit Frau Kuschl, die inmitten einer Volksmenge auf dem kleinen Bahnsteig stand und Sissy winkte, war ganz anders verlaufen, als es Sissy erwartet hatte, und voll neuer Zuversicht fuhr sie wieder nach der Residenzstadt, wo das einzige Wesen lebte, das sie in den vergangenen zwei Wochen schmerzlich vermißt hatte – ihr Kind . . .

10
Possenhofen und Ischl

Die Verwirklichung des Plans von Frau Kuschl, den „Tirolerhof" oberhalb des Tierparks wieder in Betrieb zu nehmen, mußte allerdings bis zum Sommer aufgeschoben werden. Aus Andeutungen ihrer Schwiegermutter ging hervor, daß diese offenbar durch einen Brief der Kuschl über Sissys Wünsche informiert worden war und nicht die Absicht hatte, deren Erfüllung Widerstand entgegenzusetzen. Doch meinte sie, man müsse wohl erst in Possenhofen feststellen, welche Tiere für eine Übersiedlung nach Wien in Frage kämen. Ein andermal tat Franzl, als das Gespräch beim Frühstück auf den Tirolerhof kam, sehr geheimnisvoll. Er schlug vor, sie möge sich das Gehöft, das ja eigentlich nur eine „Attrappe" sei, wie er es nannte, erst einmal ansehen, bevor weitere Entscheidungen getroffen würden.

Es war mittlerweile Anfang Juni geworden. Eines schönen Nachmittags wanderte Sissy in Begleitung der Gräfin Bellegarde über sanfte Serpentinenwege im Schloßpark aufwärts.

„Ich weiß nicht", sagte Sissy, „ob es bloß eine Laune des Erzherzogs Johann war, daß er den Tirolerhof bauen ließ. Wahrscheinlicher scheint mir, daß sein Heimweh nach Tirol der tiefere Grund dafür gewesen sein muß. Und dann hat er den Hof gewiß nicht als bloße Dekoration errichten lassen, sondern mit allen erforderlichen Einrichtungen einer richtigen Landwirtschaft."

Der alte Bauernhof lag öde und verlassen da.

„Oh", rief Sissy entsetzt. „Das ist ja nur noch eine Ruine!"

Frau Kuschl hatte den Hof richtig beschrieben. Er war ein originales Tiroler Gehöft mit allem, was zum Betrieb einer Milchwirtschaft gehörte, und die Wiese rundum konnte gut als Futteralm dienen. Aber wie verwahrlost war alles!

Im Geiste sah Sissy den Hof schon belebt mit Hühnern, Enten, Gänsen, Kühen und Ziegen. Und natürlich dürften auch Hund und Katze und vor allem Pferde nicht fehlen. Und sie sah eine fröhliche Kinderschar sich dazwischen in jugendlichem Übermut tummeln. „So schlimm ist es gar nicht", stellte sie befriedigt fest. „Ich denke, daß man das alles wieder herrichten kann. Ich nehme den Hof und werde mich hier häuslich niederlassen."

Die Bellegarde lachte. „Und wie ist es mit Seiner Majestät? Glauben Sie gar, daß er Zeit finden wird, die Ärmel hochzukrempeln und gemeinsam mit Ihnen die Kühe zu melken? Oder daß er hier mit Ihnen übernachten wird?"

„Vielleicht kommt er ab und zu zu mir herauf."

„Auch Eure Majestät werden hier nicht Wurzeln schlagen können. Erzherzog Johann war auf dem Abstellgleis, er stand vor der Abdankung und schickte sich an, Privatmann zu werden. Davon aber sind Eure Majestät weit entfernt."

„Ja, ich weiß", sagte Sissy und setzte sich, plötzlich deprimiert, auf einen wackeligen Holzschemel. „Aber ich werde mich doch wohl, sooft es nur immer möglich ist, hierher zurückziehen dürfen – mit meinen Kindern, auf die ich hoffe."

„Nun, das wird wohl möglich sein", stimmte die Bellegarde ihr bei.

Eine Woche darauf reiste Sissy nach Bayern. Halb Possenhofen eilte der jungen Kaiserin entgegen. Mit Tränen in den Augen umarmte Sissy Vater und Mutter, und ihr Blick trank förmlich die vertraute Umgebung des alten Schlosses, wo sie so viele glückliche Tage und Stunden ihrer Kindheit verbracht hatte.

Dann begrüßte sie die Schwester Nené. Die beiden jungen Frauen wechselten seltsame Blicke. Die Rede kam auf das Enkelkind.

„Tante Sophie gibt es nicht her! Sie wacht über das Kind wie der Drache im Märchen über einen Schatz."

„Das Kind ist auch ein Schatz, meine Schwester hingegen gewiß kein Drache", nahm Ludowika Sophie in Schutz. „Ja, dann werden wir wohl nach Wien reisen müssen, um unsere Enkeltochter zu sehen", wandte sie sich an den Herzog. „Sophie ist wohl überzeugt, eine Reise wäre für die Kleine jetzt noch zu anstrengend – und vermutlich hat sie damit recht."

Am nächsten Morgen war Sissy bereits im Sattel und jagte am Seeufer dahin. So unbeschwert und frei wie ein Vogel hatte sie sich schon lang nicht mehr gefühlt. Sie war mit dem Pferd wie verwachsen. Es war, als müßte sie beim wilden Dahinjagen Vergessen suchen und sich befreien von allem, was sie bedrückte. Selbst bei Donner und Blitz sah man sie dahingaloppieren.

Mutter Ludowika wurde dabei angst und bang. „Kind, du übertreibst", mahnte sie ihre Tochter.

„Ach nein, Mama, mir hat das so lange gefehlt, und

die Zeit, da ich hiersein darf, ist so kurz bemessen. Der Hof ist wohl bereits unterwegs nach Ischl, und auch ich muß dorthin. Franzl will dort seinen Geburtstag feiern. Er hat vor, in Ischl eine Villa bauen zu lassen, eine kleine Residenz für ein paar Ferienwochen."

Angelegentlich erkundigte sich Sissy in Briefen nach dem Befinden der kleinen Sophie. Die meist nur lakonischen Versicherungen, es sei alles in Ordnung und das Kind entwickle sich gut und sei gesund, fanden sich oft nur beigeschlossen in Briefen an Mama Ludowika. Die beiden Schwestern unterhielten einen regen Briefwechsel.

Allmählich sehnte Sissy sich nicht nur nach ihrem Kind, sondern auch nach ihrem Mann. Der schrieb ihr zärtliche Briefe und ließ durchblicken, daß er jetzt hauptsächlich mit dem Abschluß eines Konkordatsvertrages mit dem Heiligen Stuhl beschäftigt sei. „Aber treffen wir erst einander in Ischl, dann ist auch das durchgestanden", schrieb er und schloß, daß er sich schon „auf den lieben Ort und seinen geliebten Engel" freue.

Was den Tirolerhof betraf, so legte sich Papa Max ins Mittel und meinte, daß ein solcher Transfer überhaupt nur sinnvoll wäre, wenn vorerst für eine ordentliche Unterkunft des lebenden Inventars gesorgt worden sei. „Zuerst muß alles fertig sein", erklärte er. „Die Ställe müssen bezugsfertig sein, und es muß genügend von dem erforderlichen Futter geben. Und du brauchst Personal, auf das du dich verlassen kannst. Diese Leute werden wohl in dem Hof wohnen können, du natürlich nicht."

„Da hat dein Vater völlig recht, mein liebes Kind", fügte die Herzogin hinzu. „Es ist alles nicht so einfach, wie du dir's vorstellst. Und deine gute Frau Kuschl wird sich wohl kaum auf deinem Hof niederlassen; die bleibt lieber daheim auf ihrem Semmering!"

Aber Ludowika half, ein Inventar alles dessen, was wohl auf dem Hof gebraucht würde, aufzustellen. Sissy schickte die Liste an Franzl und stellte sich vor, was für eine Miene er wohl machen würde, wenn er inmitten der Konkordatssorgen auch noch mit den Wünschen nach Gänsen und einem Hühnerhof samt prächtigem Hahn konfrontiert würde.

Schon lange bevor der Kaiser seinen Ischler Urlaub antrat, war viel Wiener Prominenz nach dem kleinen Ort im Salzburgischen unterwegs, der richtig aufzublühen begann, seit bekanntgeworden war, daß sich der junge Kaiser dort, wo er seine schöne junge Frau kennengelernt hatte, so wohl fühlte, daß er beschlossen hatte, jeden Sommer wieder hierherzukommen.

Einen Tag vor ihrem Gatten traf Sissy in Ischl ein. Mit dem Kaiser kamen auch dessen Eltern an.

„Die Kleine ist noch kein halbes Jahr alt, Sissy", erklärte die Schwiegermama. „Da kann man selbst bei äußerster Sorgfalt noch nicht wagen, sie auf eine solche Reise mitzunehmen. Das Kind ist in Wien und in guter Hut. Du wirst es gesund wiederfinden."

Sissy wagte keinen Einwand. Hier und jetzt ließ sie die Bedenken der Schwiegermutter gelten. Und wenn schon nicht die kleine Sophie, so war doch wenigstens Franzl zur Stelle, und es gab ein stürmisches und zärtliches Wiedersehen.

„Mein geliebter, süßer Engel", flüsterte er ihr nachts zu, als sie in seinen Armen lag. „Du weißt nicht, wie sehr ich dich vermißt und wie ich mich nach dir gesehnt habe!"

„Und ich sehnte mich nicht weniger nach dir", versicherte ihm Sissy.

„Wie schön wäre es, wenn es immer so sein könnte! Ach, mein kleiner Engel, ich gäbe was drum – mein halbes, nein, mein ganzes Kaiserreich!"

„Ach, das sagst du nur so, Franzl", verschloß sie ihm mit Küssen den Mund. „Ich weiß ja, du gehörst der Krone ebenso wie mir, ja vielleicht sogar noch mehr der Krone . . ."

„Wir gehören beide der Krone, Sissy", flüsterte er.

„Ja, ich weiß", sagte sie und drückte ihren Kopf an seine Brust. „Wir beide und alle Kinder, die wir jemals haben werden . . ."

Hoch stand der Mond über Ischl. Der Ort bereitete sich darauf vor, des jungen Kaisers fünfundzwanzigsten Geburtstag zu feiern.

Zweiter Teil

1
Eine Überraschung

Man war wieder in Wien.

„Nun sind wir ja wieder daheim“, stellte Franzl fest.

Sissy ergänzte: „Und der Alltag tritt in seine Rechte. Ich war übrigens gerade bei unserer kleinen Sophie. Das Zimmer ist wie immer voller Leute und die Luft zum Schneiden. Mama scheint Angst davor zu haben, daß die Kleine frische Luft zum Atmen hat. So ein Unsinn; gerade die würde dem Kind guttun, seine Wangen sind ja ganz blaß.“

„Nun, vielleicht wird sich das bald ändern. Ich habe mir ein bißchen Zeit genommen. Kommst du mit auf einen kleinen Spaziergang durch den Park?“

Die Garde stand stramm und präsentierte das Gewehr, während das Kaiserpaar das Schloß verließ. Die zahlreichen Besucher des Schloßparks staunten und grüßten ehrerbietig. Es kam wirklich selten vor, daß man des Kaiserpaares, Seite an Seite dahinprominierend, ansichtig werden konnte. Die Männer zogen respektvoll die Hüte, die Frauen knicksten, und Mütter hielten ihre Babys hoch, damit sie ja recht gut „Herr und Frau Kaiser“ bestaunen konnten.

„Wir müssen uns etwas einfallen lassen, damit die Italien-Provinzen zur Ruhe kommen, und vor allem auch die Ungarn“, sagte Franzl. „Ich setze dabei auf dich, Sissy.“

„Auf mich? Wie soll ich zustande bringen, was dem Feldmarschall Radetzky nicht gelungen ist?“

„Radetzky ist bei weitem nicht so hübsch und sympathisch wie du.“ Er lächelte. „Du bist eine zauberhafte junge Frau und kein alter Haudegen und hast außerdem noch auf keinen Italiener oder Ungarn geschossen.“

„Das werde ich auch in Hinkunft nicht tun, Franzl. Ich kann mir aber noch immer nicht vorstellen, was du meinst.“

„Nun, es ist vielleicht noch zu früh, darüber zu reden“, meinte er. „Aber Mama findet – und darin pflichten ihr alle, die in dieser Sache zu raten und zu reden haben, bei –, es wäre an der Zeit für das Kaiserpaar, eine Inspektionsreise zu unternehmen.“

„Und was habe ich dabei zu tun?“

„Du sollst dich vor allem huldigen lassen“, lächelte er. „Wir alle finden, deine Schönheit ist im Moment unsere beste Waffe, viel wirksamer bei so chevaleresken Völkern, wie es nun einmal die Magyaren und die Italiener sind.“

„Daß du mich nur nicht überschätzt“, meinte Sissy zweifelnd.

„Es ist ein diplomatischer Schachzug und nicht ohne Risiko, gewiß. Aber es werden alle Sicherheitsvorkehrungen getroffen werden . . ." Er zögerte, bevor er weiterredete. „Besonders in Italien werden wir auf der Hut sein müssen."

Sie waren auf einen der Serpentinenwege gelangt. Sissy blieb plötzlich stehen. Sie war noch nicht bei ihrem Tirolerhaus gewesen und hatte einen Besuch dort oben hinausgeschoben, schon allein deswegen, weil sie auf alle Anfragen, ob denn mit einer Renovierung schon begonnen worden sei, ausweichende Antworten erhalten hatte. „Dann wird es wohl heuer nichts mehr mit meinen Tieren", hatte sie gerade vorhin bei der Mittagstafel enttäuscht zu Franzl gesagt. Der aber hatte bloß die Schultern gehoben. „Kommt Zeit, kommt Rat", hatte er gesagt.

Und nun standen sie unversehens vor der Kehre, hinter der sich die Almwiese auftun mußte, an deren oberem Ende das alte Tirolerhaus stand.

„Wohin führst du mich, Franzl?" fragte Sissy stokkend, und eine heiße Welle freudiger Vorahnung stieg in ihr auf.

„Weißt du's denn noch immer nicht, mein Engel?" fragte er zärtlich. „Dann komm und sieh . . . Mama und ich haben eine kleine Überraschung für dich. Zum Willkommen in Wien!"

Es war wie ein Wunder. Das Tirolerhaus stand da und leuchtete förmlich in frischem Glanz. In den Ställen blökten Kälber und muhten Rinder, und eine kleine Schar von Bauersleuten in Tiroler Trachtengewand stand bereit, um die Herrin willkommen zu heißen. Ihr entgegen aber kam das Pony aus Possenhofen, auf dem Sissy als Kind so gerne geritten war.

Sissy umarmte es jubelnd. „Nein, Franzl, wie schön!" rief sie entzückt aus und konnte sich gar nicht satt sehen. „Wenn du wüßtest, wie sehr ich mir das gewünscht habe!"

„Aber ich weiß es ja", sagte Franzl zufrieden lächelnd, da er sah, wie gut ihm die Überraschung gelungen war. „Und wenn du außer deinem Pony vielleicht zufällig auch noch mich ein bisserl abbusseln willst, dann hätte ich gar nichts dagegen!"

Das brauchte er nicht zweimal zu sagen. Schon flog sie ihm an die Brust, und die Tiroler schmunzelten vielsagend und schauten diskret weg.

Schließlich aber trat Korbinian, der Wirtschafter, vor und seine Mali an seiner Seite, und die beiden boten dem Kaiserpaar nach altem Brauch Brot und Salz dar. „Auf daß der Himmel den Eingang der Hohen Herrschaft segnen möge", wünschten sie.

Es kam so, wie die Gräfin Bellegarde vorhergesagt hatte. Viel Zeit hatte Sissy nicht für ihren Bauernhof.

Es herbstelte von Tag zu Tag mehr. Auf der Almwiese war unter Korbinians Aufsicht die Mahd im Gange. Aber natürlich mußte noch von anderswo Futter zugeschafft werden, denn die Wiese war zu klein, um eine hinreichende Menge zu liefern, mit der man über den Winter das Auslangen hätte finden können.

Anfang Oktober setzte kühles Nieselwetter ein. Unter diesen Umständen konnte Sissy erst recht nicht durchsetzen, daß die kleine Sophie mit ihr zum Tirolerhaus durfte. Höchstens, daß sie hin und wieder mitgehen durfte, wenn die Nurse das Kind im Kronprinzengarten spazierenfuhr – in Begleitung der Erzherzogin natürlich, die das Kind jetzt in ihrem eigenen Appartement hatte unterbringen lassen.

Der Kaiser berührte das Thema der Inspektionsreise nicht mehr, und Sissy hütete sich, ihrerseits darauf die Sprache zu bringen. Sie hoffte, daß der riskante Plan wieder in Vergessenheit geraten werde. Lange Zeit schien es tatsächlich so, aber letztendlich sollte sich Sissy diesbezüglich irren.

Doch noch war es nicht soweit. Es trat vielmehr ein anderes Ereignis ein, das um ein Haar mit einer Katastrophe geendet hätte.

Es war vor Weihnachten und jeder mit den Vorbereitungen für das bevorstehende Weihnachtsfest beschäftigt, an welchem die kleine Sophie zum erstenmal die Kerzen eines Christbaumes brennen sehen sollte.

Sissy dachte auch an ihr Personal draußen auf dem Tirolerhof. Auch dort sollte es ja Weihnachten geben. Die kaiserliche Familie wohnte während der kalten Jahreszeit in der Wiener Hofburg in der Innenstadt. Schönbrunn fiel bis zum Frühjahr in einen Dornröschenschlaf, nur gelegentlich zog es jemand hinaus in den verschneiten Park, selten aber in die ungeheizten, kalten Räume, die erst wieder zum Leben zu erwachen pflegten, wenn die geschlossenen Fensterläden geöffnet wurden, um die laue Frühlingsluft in die erstarrten Säle einzulassen.

Der Tirolerhof aber war nicht einfach stillzulegen. Ebenso wie im darunter gelegenen Tiergarten war hier des lebenden Inventars wegen eine ganzjährige Stationierung von Personal erforderlich. Diese Leute hatten sich als brav und redlich erwiesen, und so fuhr Sissy am Nachmittag des 14. Dezember, wie immer von der Gräfin Bellegarde begleitet, hinaus nach Schönbrunn.

Kurz vor der Wallfahrtskirche Mariahilf passierte es dann. Ein entgegenkommendes Fuhrwerk erschreckte das Gespann, weil dessen Kutscher laut mit seiner Peitsche knallte. Die Pferde scheuten. Der Kutschenlenker, der versuchte, die Herrschaft über die Tiere wiederzugewinnen, verfing sich in den Riemen, flog plötzlich in hohem Bogen vom Bock und blieb auf dem Pflaster liegen. Die Passanten wichen erschrocken zur Seite, während die Pferde unter Wiehern und Schnauben herrenlos dahinzurasen begannen.

„Um Himmels willen, Majestät! Wir sind verloren!“ rief die Bellegarde angstvoll aus. „Hilft uns denn niemand? Gütiger Himmel, wir werden uns alle Knochen brechen und sterben!“

„Noch leben wir!“ behielt Sissy die Nerven. „Bleiben Sie ruhig. Vielleicht bleiben die Tiere von selbst stehen.“

Aber das war eine vergebliche Hoffnung. Die wilde Jagd ging weiter. Den Pferden stand schon der Schaum vor dem Mund. Als sie ein Hindernis vor sich sahen, rissen sie die Kutsche herum, daß die Gräfin glaubte, die Deichsel würde brechen, und brachen in eine Seitengasse aus.

Ein geistesgegenwärtiger Bauer schob seinen am Gehsteigrand abgestellten Karren, als er die herrenlose Kutsche heranrasen sah, mit einem kräftigen Stoß auf die Mitte der Fahrbahn, die Pferde krachten dagegen und kamen zu Sturz.

Im nächsten Augenblick bot der Platz ein Gewirr von Tierleibern, Trümmern des Karrens, der darauf verladen gewesenen Viktualien und den Resten der Hofkutsche.

„Steigen Sie aus, Gräfin, geben Sie mir Ihre Hand, es ist vorbei, und Sie leben noch!“ bot Sissy der an allen Gliedern zitternden Bellegarde die Hand.

Die Menge Schaulustiger, welche bald den Schauplatz des Geschehens umdrängte, rief einen Schutzmann auf den Plan. Ein zweiter hatte sich bereits des vom Bock gestürzten Kutschers angenommen, der ein Bein gebrochen hatte. An eine Fahrt nach Schönbrunn war unter diesen Umständen nicht mehr zu denken.

„Rufen Sie uns einen Fiaker herbei, guter Mann“, befahl die Bellegarde, die allmählich wieder zu sich fand, dem Polizisten. „Majestät und ich möchten so rasch als möglich in die Hofburg zurück. – O Himmel, was wird nur der Kaiser sagen!“

2
Ein Weihnachtsfest

Die Kunde drang bis in Franzls Arbeitszimmer. Seine Mutter persönlich suchte ihn „durch die Kammer“ auf und schilderte, was sie brühwarm von der Bellegarde erfahren hatte. Danach waren sie und die junge Kaiserin nur mit knapper Not dem Tode entronnen.

Der Kaiser unterbrach seine Arbeit und eilte zu Sissy. Er hatte ein aufgelöstes Nervenbündel zu sehen erwartet und sich darauf eingestellt, seine Sissy beruhigen und trösten zu müssen. Doch diese machte keineswegs den gleichen Eindruck wie die Bellegarde.

„Aber Franzl!“ Sissy eilte ihm entgegen, als er in ihr Zimmer stürmte. „Es ist doch nichts passiert – mir wenigstens nicht, und auch die Gräfin ist heil geblieben. Nur der arme Kutscher – weiß man, wie es ihm geht?“

„Man hat ihn bereits ins Allgemeine Krankenhaus geschafft“, berichtete Franzl und nahm seine junge Frau erleichtert in seine Arme. „Du bist ja ein tapferes, kleines Mädchen! Die Gräfin ist augenscheinlich reif fürs Nervensanatorium."

„Gottlob war ein Mann mit einem Handkarren so mutig und geschickt, die Pferde zum Stehen zu bringen. Ich glaube, Franzl, er hat sich eine Belohnung verdient!"

Und so geschah es auch. Das Bäuerlein, das einen Lebensmittelladen mit seinen Produkten hatte beliefern wollen, machte nicht nur ein gutes Geschäft, sondern gewann auch allerhöchste Kundschaft. Von nun an nämlich belieferte der Bauer nämlich auch noch den Tirolerhof.

„Ich werde zum Dank in der Hofburgkapelle eine Messe lesen lassen", verkündete Franzl. „Und im Frühjahr möchte ich mit dir zur Muttergottes von Mariazell. Ihr schulden wir besonderen Dank!"

„Eine Wallfahrt in die Steiermark?"

„Nun, ich habe vor, mit dir gemeinsam die Provinz zu bereisen. Wir können auch ein paar Jagdtage in unseren schönen Revieren mit einschließen."

„Das wäre schön, Franzl", fand sie. „Wir sind überhaupt viel zu wenig beisammen und haben nicht viel voneinander. Das Volk muß denken, der Kaiser und die Kaiserin lassen sich's gut gehen, aber das Gegenteil ist der Fall!

In den folgenden Tagen wurden viele Geschenke eingekauft – nicht zuletzt auch für die kleine Sophie. Und in der Hofküche wurde gebacken und gebraten, die Herde waren ständig in Betrieb, und es duftete und brutzelte in

Pfannen und Töpfen. Auch der gewaltige Weinkeller unter dem zur Mitte des siebzehnten Jahrhunderts erbauten Leopoldinischen Trakt, der sich mehrere Stockwerke tief unter der Hofburg befand, hatte regen Betrieb. Allenthalben liefen die Festvorbereitungen auf Hochtouren. Nach Neujahr sollte es dann ja auch die Hofbälle geben, zu denen zahllose Gäste in die Hofburg strömen würden.

Sissy aber freute sich auf die strahlenden Kulleraugen ihrer kleinen Sophie. Diesmal wollte sie das Kind auf ihren Armen tragen, wenn es zum erstenmal einen Weihnachtsbaum sah. Da würde sie auch keine Einwände seitens der Schwiegermutter gelten lassen.

Und der Heilige Abend kam heran. In der Hofburg legten die kaiserlichen Gemächer Festschmuck an. Es duftete nach Bohnerwachs, und der Geruch harmonierte auf merkwürdige Weise mit dem vom frischen Reisig der Adventkränze in den Vasen.

Was Sissy erträumt hatte, wurde Wirklichkeit. Klein Sophie streckte die Händchen nach den brennenden Kerzenlichtern aus, die ihr so wundersam erschienen, daß auf ihrem Gesichtchen ein helles Lachen erschien und in ihren blanken Äuglein sich der Schimmer spiegelte. Was waren dagegen all die Geschenke, die Sissy erhielt – das schönste von allen hielt sie auf ihren Armen, und sie mochte es gar nicht von sich lassen, als die Erzherzogin ihren Anteil an dem Glück haben wollte und die Kleine zu sich nahm.

Das Kind war längst zu Bett gebracht, als man sich

noch zur Messe in der Hofburgkapelle versammelte, um den festlichen Abend zu beschließen.

Es kam das Neujahrsfest. Am Morgen schmetterten die Trompeten der Turmbläser ihre Melodien über die Dächer, um das neue Jahr 1856 festlich zu begrüßen. Und dann begann im tanzfreudigen Wien die Ballsaison. Als auf einem dieser Festivitäten die junge Kaiserin von Übelkeit befallen wurde, ließ es sich nicht länger verheimlichen: Ihre Majestät war wieder schwanger.

Das Bulletin des Hofes teilte die wichtige Neuigkeit der gesamten Öffentlichkeit mit. Die Blätter sparten nicht mit Informationen, die man sich aus dem Sekretariat der Kaiserin, aber auch durch andere Kanäle, bis hin zum Dienstbotentratsch, beschafft hatte.

„Diesmal wird's ein Bub! Die kleine Sophie braucht ein Brüderl!" war die allgemeine Ansicht.

„Du mußt dich schonen, Sissy! Es ist jetzt nichts mit dem Reiten und dem ewigen Hinauflaufen zu deinem Bauernhof."

Solche Ratschläge kamen nicht nur von Erzherzogin Sophie, sondern auch von Franzl.

„Und unsere Wallfahrt nach Mariazell, die wir für das Frühjahr geplant hatten?" fragte sie.

„Nun, die muß man eben verschieben", entschied der junge Kaiser.

Tatsächlich war es die Erzherzogin, die nach dem Wallfahrtsort pilgerte und dort Opfergaben darbrachte.

Als die Mode nicht mehr vermochte, die sich verändernde Körperformen der jungen Kaiserin zu kaschieren, zog diese sich nach Laxenburg zurück. „Ich muß ja ohnedies dort gebären", erklärte sie. „Warum nicht dann gleich dorthin. Ich mag das alte Schloß und habe viel frische Luft in dem weiten Park dort draußen."

Aber wieder einmal gingen die Gedanken Sissys und ihrer Schwiegermutter grundverschiedene Wege. Zu ihrer Überraschung füllten bei den ersten Frühlingssonnenstrahlen Spaziergänger die prächtigen Wege.

„Wo kommen denn die Leute her?" fragte sie ihre Obersthofmeisterin, die Gräfin Esterházy-Liechtenstein.

„Ihre Kaiserliche Hoheit, die Frau Erzherzogin, haben angeordnet, daß der Park für Besucher geöffnet wird", antwortete sie.

„Aber weshalb denn, und seit wann?"

„Seit eben erst, Majestät. Sie entschloß sich dazu vor wenigen Tagen. Das Volk soll die Möglichkeit haben, sich durch Augenschein davon zu überzeugen, daß Majestät guter Hoffnung sind!"

„Himmel, wie kann sie mir denn das nur antun!" Sissy war den Tränen nahe.

„Majestät halten zu Gnaden", fiel ihr die Gräfin ins Wort, „Majestät bieten durchaus keinen unerfreulichen Anblick, er ist im Gegenteil höchst erfreulich, weil er zu den schönsten Hoffnungen berechtigt! Und das Volk hat ein Anrecht darauf, an dieser Hoffnung Anteil zu haben!"

Sissy bohrte ihren Blick in den ihres Gegenübers.

„Man hat meinen Mann überhaupt nicht gefragt! Man macht mich einfach zur Schaupuppe, um die öffentliche Neugier zu befriedigen. Ich finde das schamlos und gebe mich nicht dazu her. Mir bleiben dann eben nur die frühen Morgenstunden und die Abende."

„Aber Majestät, das liegt ganz sicher nicht in der Absicht Ihrer Kaiserlichen Hoheit, der Frau Erzherzogin!"

„Das glaube ich wohl, aber in meinen Absichten liegt es, Gräfin!"

In Wien erfuhr Franz Joseph von dem Eklat, indem ihm seine Mutter von Sissys „Widerspenstigkeit" berichtete. Zu ihrer Verwunderung schüttelte er mißbilligend den Kopf.

„Wie, du gibst ihr recht?" vergewisserte sie sich erbleichend. Das war eine neue Erfahrung für sie.

„Du bist zu weit gegangen", stellte er fest.

3
Gisela

In den Monaten bis zur Geburt des Kindes ließ sich eine zunehmende Aktivität seitens der Erzherzogin feststellen, während die junge Kaiserin die ihre immer mehr einschränkte. Es blieb bei Spaziergängen in Begleitung zweier Hofdamen, von denen die eine fast stets Gräfin Bellegarde war.

Die Bellegarde begann allmählich über wunde Füße zu klagen. Die Fußmärsche an der Seite der Kaiserin wurden ihr zu beschwerlich; aber sie wagte es nicht, sich Sissy gegenüber zu äußern, und hoffte darauf, daß diese ausgedehnte Wanderungen früher oder später eingeschränkt werden würden.

Dafür sorgten dann schon die Ärzte, Franz Josephs Arzt, Sophiens Arzt und Sissys eigener Leibarzt, die sie abwechselnd und manchmal auch gemeinsam untersuchten, um dann in Wien zu berichten.

Sissy selbst erfuhr von ihnen nur Beruhigendes: alles verlaufe völlig normal, es sei keinerlei Grund zu irgendwelcher Besorgnis vorhanden.

Die Schwiegermutter kam gelegentlich nach Laxenburg, und sooft er nur konnte, erschien natürlich auch Franzl. Rührend erkundigte er sich nach Sissys Befinden. „Die Kindskammer wird von Mama hergerichtet“, berichtete er.

„Dann wird man mir also auch diesmal das Kind wegnehmen“, entsetzte sich Sissy.

„Natürlich wird Mama das Kleine wieder in ihre Obhut nehmen. Du siehst doch, daß sich Sophie absolut gut entwickelt hat. Du brauchst dir keine Sorgen zu machen. Es wird dem neuen Erdenbürger an nichts fehlen.“

„Nein, diesmal werde ich das nicht zulassen!“

„Aber weshalb denn nicht, Sissy? Du hast doch im

Aufziehen von Kindern gar keine Erfahrung, und es ist ja auch gar nicht nötig, daß du welche hast. Das Kind muß gesund heranwachsen, jede mögliche Krankheit ist von ihm fernzuhalten."

„Aber ob so ein armes Geschöpf dabei glücklich ist, danach fragt niemand!"

„Bin ich denn nicht glücklich?" fragte Franzl. „Ich bin es geworden durch dich . . ."

„Durch unsere Liebe", stellte Sissy fest. „Nur die Liebe macht glücklich! Die Liebe in der Kindheit und die Liebe, wenn man erwachsen ist!"

„Aber wer sagt denn, daß das Kind keine Liebe findet? Du weißt doch, daß Mama ihren kleinen Täufling abgöttisch liebt und daß die Ajas uns Kinder allesamt liebgehabt haben. Sogar heute noch habe ich ein tiefes Gefühl der Dankbarkeit für jene einfache Frau, die mich betreut hat."

„Oh, diese Frauen sind auch zu bedauern", fand Sissy.

„Bedauern? Weshalb? Es geht ihnen doch gut. Sie haben alles, was sie brauchen, und werden gut entlohnt."

„Aber Empfindungen kann man nicht kaufen und verkaufen, lieber Mann", stellte Sissy fest. „Wie schmerzlich muß es dann für sie gewesen sein, als man ihrer Dienste nicht mehr bedurfte und sie einfach fortgeschickt hat! Wie Wäscherinnen, die ihre Pflicht getan haben und die man nicht mehr benötigt, sobald die Wäsche sauber ist."

„Für ihr Alter ist gesorgt", stellte er trocken fest.

„Ach, Franzl“, seufzte Sissy, „ich fürchte, wir werden uns in diesem Punkt nie verstehen! Du siehst die Dinge zu sachlich und nüchtern an. Gefühle sind nicht zum Anfassen.“

„Damit sagst du mir nichts Neues“, sagte er lachend. Aber er spürte dennoch, daß etwas zwischen ihnen stand, was er nicht begriff. Gefühle konnte er sich bei seinen Entscheidungen nicht leisten. Tat er es dennoch, war ganz sicher früher oder später ein Haken dabei.

Eines Abends im Frühsommer berichtete die Bellegarde aufgeregt, am Ortsrand von Laxenburg hätten Zigeuner ihr Lager aufgeschlagen. Im Ort herrsche Furcht, man rechne mit Diebstählen, die Gendarmerie sei bereits alarmiert worden.

„Haben sie denn schon etwas gestohlen? Vermißt jemand etwas?“ fragte Sissy.

„Noch ist nichts Derartiges bekannt, aber das kommt bestimmt noch, man kennt das ja.“

„Oft tut man diesen Leuten unrecht“, stellte Sissy fest.

„Majestät haben doch nicht etwa die Absicht, das Zigeunerlager aufzusuchen?!“ rief die Bellegarde entsetzt. „Halten zu Gnaden, aber ich gehe da nicht hin, keine zehn Pferde könnten mich dazu bewegen!“

„Das wäre mir auch zu beschwerlich, Gräfin. Aber man sagt doch, daß Zigeunerfrauen die Zukunft weissagen können . . .“

Die Bellegarde sah die verschmitzt lächelnde Kaiserin verdutzt an, dann aber begriff sie und ihre Miene hellte sich auf. „Majestät“, rief sie aus, „das wäre ja wahrhaftig ein vorzüglicher Gedanke! Also, wenn Majestät es wünschen, werde ich einen Diener zum Zigeunerlager schicken. Irgend so eine Hexe wird sich bestimmt bereit finden, die sich ein paar Gulden auf leichte Art verdienen will.“

Am darauffolgenden Vormittag erschien ein schlankes, hübsches dunkelhaariges Zigeunermädchen im Schloß und verlangte schüchtern nach der Gräfin, zu der sie bestellt worden war.

Das Mädchen wurde sogleich zur Kaiserin geführt, die hinter einem Vorhang Platz genommen hatte, so daß sie selbst unsichtbar blieb. Durch einen Spalt im Vorhang reichte sie der Zigeunerin ihre schmale, mädchenhafte Hand, damit sie ihr aus deren Linien die Zukunft weissagen könne. Die Gräfin, die das Mädchen empfangen und in das Zimmer, in dem die Kaiserin wartete, geführt hatte, blieb gespannt, aber mit eher gemischten Gefühlen dabei stehen und hatte ein wachsames Auge auf das Zigeunermädchen.

Die junge Zigeunerin war nicht dumm. Sie wußte längst, daß die blutjunge Kaiserin in Laxenburg logierte und schwanger war. Es war daher kein allzugroßes Kunststück, zu erraten, wer die geheimnisvolle Frauensperson war, die sich hinter dem grünen Samtvorhang versteckte.

Sie versenkte sich in den Anblick der Hand, fuhr mit dem Zeigefinger prüfend über deren Linien und sagte schließlich mit leiser, aber eindringlicher Stimme: „Dies ist keine gewöhnliche Frauenhand. Sie gehört einer sehr, sehr hochgestellten Persönlichkeit. Es steht ihr ein großes Ereignis bevor."

„Welcher Art ist das Ereignis?" drängte Sissy.

„Ein Kind wird geboren."

„Ein Knabe oder ein Mädchen?"

Da geriet die Zigeunerin in Verlegenheit, aber sie wußte sich zu helfen. „Je nach der Zeit", orakelte sie. „Ist die Zeit für einen Knaben reif, so wird es einer. Und ein Mädchen kommt zur Zeit, die ihm dafür bestimmt ist. Die Dame wird sehr glücklich sein. Aber –", fügte sie wie in einer plötzlichen Eingebung hinzu, „es sind nicht immer die Knaben, die das Glück ins Haus bringen."

„Und was haben Sie mir sonst noch zu sagen?" wollte Sissy wissen.

„Ich sehe ein langes und glückliches Leben . . . Ja, das sehe ich. Reichtum sehe ich. Und Liebe . . . Und, in ferner, ferner Zukunft, ein rasches, sanftes Ende . . . Die Dame ist zu beneiden."

Sie ließ die Hand fallen und erhob sich. Sie hoffte, sich ihrer Aufgabe zur Zufriedenheit der Kundin entledigt zu haben.

„Sie hat nichts mitgehen lassen können", sagte die Gräfin erleichtert, als sie zu Sissy zurückkam. „Aber, Majestät, wenn ich ehrlich sein darf, sind wir jetzt so klug wie zuvor."

„Ich finde dennoch merkwürdig, was sie sagte", fand Sissy.

Man schrieb den 15. Juli 1856. Um Schlag sieben Uhr morgens gebar Elisabeth ihr zweites Kind. Die Ärzte, die eine glatte Geburt vorhergesagt hatten, behielten recht.

Und es war – wieder ein Mädchen.

Diesmal war es nicht Erzherzogin Sophie, die als Taufpatin fungierte. Sie ließ sich vielmehr von Ludowika vertreten, die auf die Nachricht von der bevorstehenden Niederkunft ihrer Tochter sofort aus Bayern herbeigeeilt war. Ihre Anwesenheit war der Lichtblick in dieser Zeit der Enttäuschung für Elisabeth. Und Franzl war bemüht, sich nichts anmerken zu lassen.

Vor langer Zeit, im Jahre 955 n. Chr., war eine bayerische Prinzessin namens Gisela dem Ungarnkönig Waik knapp nach dessen Taufe angetraut worden. Von da an schritt die Christianisierung Ungarns voran, besonders als aus Waik Stephan I., der Heilige, geworden war.

Der Name Gisela hatte dem Hause Arpad Glück gebracht. Und Glück konnten auch die Habsburger brauchen. Die neue Erdenbürgerin wurde auf den Namen Gisela getauft.

4
Duell

Während der Sommermonate logierte der Hof zwar, bis auf die wenigen Wochen, die Franz Joseph in Ischl verbrachte, in der Sommerresidenz Schönbrunn. Auch Erzherzogin Sophie hielt das so. Doch diesmal beschloß sie, in der Hofburg zu bleiben.

„Sie macht das nur, damit ich die kleine Gisela noch weniger zu Gesicht bekomme als meine Sophie", beklagte sich Sissy bei Franzl.

„Sie sagt mir aber einen ganz anderen Grund", erklärte Franz Joseph. „Es ist die unmittelbare Nähe zur Hofapotheke, und es sind dies die Ärzte, die wesentlich rascher erreichbar sind. Es ist, bedenke es bitte recht, auch für Mama nicht gerade angenehm. Sie ist zudem nicht mehr die Jüngste."

„Und das läßt du dir von ihr weismachen, Franzl? – Nein, das ist nur ein Vorwand. Es ist vielmehr die Besitzgier einer alternden Frau nach dem Kinde. So sehe ich es, Franzl!"

Franz Joseph hörte diesen Anschuldigungen stirnrunzelnd zu. Aus seinen Blicken war unverhohlene Mißbilligung zu lesen. „Schweig still!“ verlangte er und beherrschte sich nur mühsam. „Es ist meine Mutter, von der du sprichst! Ihr seid alle beide verrückt, und das auf Kosten meiner Nerven!“

„Entschuldige, Franzl, aber begreife doch meine Situation: man nimmt mir mein Kind einfach weg! Man entwöhnt es seiner Mutter, kaum daß es geboren ist. Und du, als Vater, sprichst kein Machtwort!“

„Du kannst ja das Kind sehen, sooft du willst!“

„Ja, umgeben von fremden Leuten. Man läßt es mich nicht einmal in die Arme nehmen. Immer schiebt sich deine Mutter dazwischen. Sie stellt sich zwischen mich und meine Kinder. Bei Gisela ist es noch schlimmer. Das will und kann ich nicht hinnehmen, Franzl. Bitte, tu etwas!“

Zornig und empört schritt sie aus seinem Arbeitszimmer. Seufzend schickte sich der Kaiser an, die ersten Audienzwerber zu empfangen. Die Audienzen waren eine anstrengende Arbeit. Hohe und niedrige kamen zum Kaiser, an manchen Tagen bis zu dreihundert Personen. An seinem Stehpult, auf welchem die Akte lagen, vernahm er Sorgen und Wünsche, Freud und Leid seiner Untertanen, und für die meisten hatte er ein gutes Wort übrig.

Doch heute fiel es ihm schwer, sich zu konzentrieren. Denn kurz vor Sissy war seine Mutter bei ihm gewesen – und gleichfalls in der leidigen Kinderangelegenheit! Wer von den beiden hatte nun recht? Er vermochte sich darüber nicht klarzuwerden.

Da die Erzherzogin vor Sissy beim Kaiser gewesen war, erreichte sie auch vor der Schwiegertochter das Kinderzimmer, das zur Zeit ausschließlich die kleine Gisela beherbergte. Die kleine Sophie war in einem anderen Raum untergebracht. Sie hatte ihr eigenes Pflegepersonal.

Mit rauschenden Röcken eilte die junge Kaiserin durch die endlos scheinenden, kalten und düsteren Gänge der Hofburg, bis sie schließlich beim Appartement ihrer Schwiegermutter angelangt war. Hier hatte Sophie die beiden Kinder unterbringen lassen, um sie stets vor Augen zu haben und Anordnungen treffen zu können, falls dies nötig werden sollte – etwa in einem Krankheitsfall.

Kurz vor der Tür zur Kindskammer holte Sissy sie ein, und einen Augenblick lang standen die beiden so verschiedenen Frauen einander gegenüber. Ihre Blicke kreuzten sich wie zwei scharfe Klingen.

„Ich will zu Gisi“, erklärte Sissy kurz angebunden.

„Aber bitte“, sagte die Erzherzogin, gab aber den Weg nicht frei. Sie hatte die Rechte auf die Türklinke gelegt und stand so Sissy gegenüber.

„Nun – willst du mich nicht einlassen?“ forderte Sissy ungeduldig.

„Wir wollen es nicht so halten wie Kriemhild und Brunhild, nicht wahr? Die einander in die Haare gerieten, weil keine der anderen den Vortritt lassen wollte“, lächelte die Erzherzogin fein. „Der Leidtragende war schließlich Siegfried. Aber mein Sohn ist kein Siegfried, den man mit einer Lanze durchbohren darf . . ."

„Wovon redest du?" fragte Sissy verwirrt.

„Von einem Lanzenstich, vom Sohn geführt mit bösen Worten gegen die eigene Mutter! Du drängst dich zwischen mich und ihn, versuchst, ihn gegen mich aufzuhetzen. Machst in einem fort Stimmung gegen mich. Er verschweigt mir nichts, schließlich ist er mein Sohn."

„Ich dränge mich zwischen dich und Franzl? – Du drängst dich zwischen mich und meine Kinder!"

„Du wirst es nie begreifen!" stellte Sophie kopfschüttelnd fest. „Daß es in erster Linie nicht deine Kinder, sondern Kinder der Krone sind. Und daß du keine Frau bist wie alle anderen, sondern Kaiserin und Königin."

„Ach, wäre ich es doch nie geworden!" rief Sissy verzweifelt.

„Contenance!" mahnte Sophie. „Hier haben alle Wände Ohren! Du läßt dich gehen."

Da war sie wieder, diese eiskalte Überlegenheit.

„Entschuldige", sagte Sissy betreten.

„Ich für meine Person", kommentierte die Erzherzogin Sissys unbeherrschten Ausruf, „kann dir nur beipflichten: Deine Schwester Nené hätte sich an deiner Stelle gewiß nicht so unvernünftig benommen. Sie hat mehr Verstand als du! Aber geh jetzt bitte zu Gisela, sieh dich satt an ihr und gib den Nursen ein Schauspiel deiner unbeherrschten Mutterinstinkte. Mach dich, deinen Mann und uns alle vor den Dienstboten lächerlich!"

Sissy ballte die Hände zu kleinen Fäusten, stampfte auf und wandte sich dann auf den Absätzen um. Sie verzichtete darauf, ihr Kind zu sehen.

Eine halbe Stunde später entsetzten sich die Besucher des Praters über die wilde Reiterin, die in halsbrecherischem Tempo dahinjagte, so daß ihr eine zweite Dame zu Pferd, die arme Bellegarde, kaum folgen konnte.

Bald darauf sprang Sissy aus dem Sattel und nahm den schnaubenden schwarzen Hengst am Zügel.

„War es denn so arg, Majestät?" fragte die Gräfin teilnehmend.

„Eine andere als ich wäre ihr wohl in die Haare gefahren", erklärte Sissy. „Aber bei Hof tut man ja so etwas nicht! Jedenfalls hat sie es wieder fertiggebracht, mich von Gisi fernzuhalten."

„Ob sich Majestät da nicht etwas einbilden, was gar nicht ist? Majestät steigern sich so leicht in Gefühle ... Und vielleicht auch traut Ihre Kaiserliche Hoheit Majestät nicht zu, Kinder hoffähig erziehen zu können. Majestät sind ja selbst – halten zu Gnaden – so ungebunden aufgewachsen. In der Art Ihres Herrn Vaters, des Herzogs – das reicht nicht für ein Kaiserkind."

„Nun soll mein Vater daran schuld sein!" rief Sissy. „Der hat freilich nie Wert darauf gelegt, mich zu einer Marionette heranzubilden. Und er ist selber auch keine Marionette."

„Er kann es sich leisten", stellte die Gräfin, nicht ohne Neid zu empfinden, fest. „Aber ist man ihm etwa schon öfter hier bei Hofe begegnet? Ich habe ihn seit der Hochzeit Eurer Majestät nicht mehr gesehen."

„Er legt keinen Wert darauf. Er geht lieber in seine Berge."

„Und man vermeidet wohl auch, ihn einzuladen", konnte sich die Gräfin nicht verkneifen zu bemerken.

Ob das der Wahrheit entsprach? Sissy fühlte sich tief verletzt.

Die Gräfin bereute, was sie gesagt hatte, als sie die Wirkung ihrer Worte erkannte. „Er ist sicherlich ein hochvortrefflicher Herr, Ihr Herr Vater", beeilte sie sich abzuschwächen.

„Sagen Sie nichts, Gräfin", wehrte Sissy ab. „Sie machen es nur noch schlimmer."

„So kraß wollte ich es nicht ausdrücken", war die Gräfin völlig verzweifelt. „Oh, hätte ich nur kein Wort gesagt, Majestät!"

„Jetzt beruhigen Sie sich schon, ich nehme es Ihnen nicht übel! Mir ist Aufrichtigkeit lieber als Heuchelei, wovon es hier ja so viel gibt. Ja, wahrscheinlich haben Sie recht. Meine Schwiegermutter sieht in mir das Produkt väterlicher Erziehung – einer Erziehung, die sie nicht billigt und vor der sie meine Kinder bewahren will."

Die Bellegarde wagte es nicht, hierzu eine Bemerkung zu machen.

„Wir reiten heim", entschied Sissy mit eisiger Miene und schwang sich aufs Pferd.

5
Resignation

Die ersten Tage, an denen sie nicht um ihn war, wunderte er sich darüber. Dann begann er sie zu vermissen.

„Ihre Majestät, die Frau Kaiserin sind noch immer oben im Tirolerhof", wurde ihm mitgeteilt. „Ihre Majestät haben sich zurückgezogen."

„Zurückgezogen?! Was sollte das heißen?"

„Sie trotzt", klärte ihn seine Mutter auf. „Oder, was noch schlimmer wäre, sie spielt sich selbst gegen meinen Einfluß auf dich aus. Du darfst ihr jetzt nicht nachgeben. Lauf ihr um Himmels willen nicht nach! Sie muß von selbst wieder zurückkommen. Und eines Tages wird sie das ja wohl auch tun. Sie kann ja schließlich nicht ewig in dieser Bauernhütte bleiben!"

Nach einer Woche, in der Franzl die mütterliche Mahnung beherzigt hatte, hielt er es einfach nicht länger aus. Sie war schließlich seine Frau.

Diesmal wartete er einen Kommentar seiner Mutter nicht ab. Eines Nachmittags gelang es ihm, sich für ein Stündchen von seinen Verpflichtungen freizumachen.

„Was hört man? Ist meine Frau noch immer da droben bei den Tirolern?“ fragte er seinen Leibkammerdiener.

„Zu dienen, Euer Majestät“, antwortete dieser bereitwillig. „Die Magd, die heute die Milch ins Schloß brachte, erzählte, daß Ihre Majestät jeden Morgen geruhen, höchstpersönlich die Kühe zu melken.“

Das wollte Franz Joseph gar nicht wissen. Ihm hatte sein Milchkaffee samt obligatem Kipferl darum nicht besser geschmeckt. Viel lieber hätte er seine Sissy an seiner Seite gehabt, als sie als Sennerin tätig zu wissen.

Er eilte über die ihm endlos dünkenden Serpentinenwege hügelan. Oben stürmte er in das Gebäude, fragte einen Knecht nach seiner Frau, erhielt aber die Antwort, sie sei nicht im Hause, sondern draußen auf der Wiese bei den Pferden. Endlich fand er sie. Sie hatte eben ein Pferd an der Trense und ließ es im Kreis laufen.

„Sissy!“

Als sie ihn sich rufen hörte, übergab sie das Pferd einem Jungen und ging ihm gemessenen Schrittes entgegen.

„Sissy“, wiederholte er nur, als sie ihn endlich erreicht hatte, und ergriff ihre Hände. „Mein Engel, was ist mit dir? Warum entziehst du dich mir?“

„Du kannst ja jederzeit kommen, und hast es auch heute getan“, erwiderte sie.

„Sissy! Ich habe mir deine Begrüßung anders vorgestellt . . .“

„Wie denn? Daß ich dir um den Hals falle? Vor allen

Leuten? Nein, deine Mutter hat mich gelehrt, Contenance zu bewahren", kam es bitter von ihren Lippen.

Seine Stirne umwölkte sich, und ein schmerzlicher Zug trat in sein Gesicht. „Komm", sagte er, „wir wollen uns aussprechen. So kann es nicht weitergehen!"

„Und warum nicht?" fragte sie. „Will man mir vielleicht dieses bißchen Freude, das ich hier oben habe, auch noch vergällen? Deine Mutter braucht keine Angst mehr zu haben, daß ich dagegen protestiere, daß sie mir meine Kinder wegnimmt. Und das ungebührliche Benehmen, das ich von meinem Vater habe, wird diesen Kindern auch kein schlechtes Beispiel geben . . ."

„Aber, Sissy! Was redest du denn da!"

„Sag deiner Mutter, sie hat gesiegt. Ich habe aufgegeben. Sie ist im Kampf um die Kinder die Stärkere gewesen."

„Sissy, ich bin entsetzt!" stieß er hervor.

„Das war ich auch, aber jetzt ist das vorbei. Ich habe mich damit abgefunden. Ich bin die unerwünschte und ungeliebte Schwiegertochter, die ihren Plan durchkreuzt hat – einen klug ausgedachten Plan. Du hast dich von meinem hübschen Gesicht blenden lassen und nun eine Frau an deiner Seite, die des Thrones nicht würdig ist, daher auch nicht imstande, die Kinder der Krone zu erziehen!"

„Alles, was du sagst, ist Unsinn, Sissy! Du hast dich da in etwas hineingesteigert, das dir deine Phantasie vorgaukelt."

„Oh“, rief sie beschwörend aus, „versuch es mir nicht auszureden! Man hat mir die Augen geöffnet. Alles kann ich ertragen, nur nicht, daß du mich belügst, um mich zu schonen. In diesem Punkt bin ich ganz wie mein Vater – und in vielem anderen auch, was deine Mutter so sehr bedauert.“

Der junge Kaiser schüttelte wortlos den Kopf. Dann aber sagte er: „Ich weiß nicht, wer dir solche Flausen in den Kopf gesetzt hat. Niemand wird dich daran hindern, hier oben auszuspannen. Aber du solltest daneben auch noch Zeit finden, deinen repräsentativen Aufgaben nachzukommen, statt dich hier zu verkriechen und Kühe zu melken. Dein Sekretariat weiß schon gar nicht mehr, was alles erfunden werden kann, um dein permanentes Fernbleiben überall zu entschuldigen.“

„Du bist also gekommen, um mich an meine Pflichten zu erinnern?“

„Auch deswegen“, räumte er ein.

„Und ich habe angenommen, weil du mich liebst“, meinte sie verletzt.

„Liebst du mich denn?“

„Doch“, gab sie zu, „sogar sehr.“

„Und warum bist du dann nicht ins Schloß gekommen?“

„Warum bist du nicht zu mir heraufgekommen?“ stellte sie aufmüpfig die Gegenfrage.

„Nichts liegt mir ferner“, erklärte er sanft und eindringlich, „als mich mit dir zu zanken. Ziehen wir doch einen Strich unter alles, und suchen wir einen neuen Anfang."

„Wenn das so einfach wäre, mein lieber Mann", meinte sie zögernd. „Hätte ich dich nicht so lieb, Franzl, wäre ich längst nach Possenhofen zu meinen Eltern gefahren und hätte mich bei ihnen ausgeweint. Aber wie du siehst, bin ich noch immer da – bloß halt auf meinem lieben Tirolerhof."

Dieses Eingeständnis war Balsam auf die Wunden seiner Seele. Er zog sie an sich und küßte sie, und sie erwiderte erst zaghaft, dann immer heißer seinen Kuß.

Er war glücklich, seine Sissy wiederzuhaben, und war es wiederum auch nicht. Dieses Wiederfinden war so gänzlich anders verlaufen, als es seinen Vorstellungen entsprach und wohl vor allem auch denen seiner Mutter.

„Sissy ist ganz anders, als wir dachten", sagte er am Abend zu Erzherzogin Sophie.

„Nun, ich denke, ich habe sie ganz richtig eingeschätzt. Sie ist ein eigenwilliges, verzogenes Kind, dem der Vater kein gutes Beispiel war und dem meine Schwester nicht die Sorgfalt gewidmet hat wie ihrer Schwester Helene. Helene ist perfekt erzogen, wir haben alle Hoffnungen auf sie gesetzt, es ist aber alles anders gekommen."

„Und das trägst du Sissy unausgesetzt nach", stellte er fest.

„Nein", wehrte sie sich gegen diese Anschuldigung. „Aber ich habe mich verpflichtet gefühlt, umgehend nachzuholen, was in bezug auf Schliff nun einmal vonnöten war. Ich wollte aus ihr das machen, was Helene gewesen wäre.“

„Aber das Volk liegt ihr doch zu Füßen, Mama!“

„Ja, weil sie jung und hübsch ist.“

„Ich finde nicht, daß an Sissys Benehmen in der Öffentlichkeit etwas auszusetzen wäre. Sie gibt sich doch alle Mühe.“

„Das ist es ja gerade! Man braucht sich keine Mühe zu geben, wenn einem etwas in Fleisch und Blut übergegangen ist. Doch das braucht Zeit.“

Sie seufzte ergeben, und Franzl seufzte auch.

„Eigentlich wollte ich etwas ganz anderes sagen“, sagte er nach einer Weile. „Die Schwierigkeiten mit Sissy haben wohl auch ihren Grund darin, daß sie so anders ist als viele andere Frauen. So ganz anders, daß es mich manchmal richtig bedrückt. Es ist, als lebe sie gar nicht in unserer Welt.“

„Es liegt an uns, sie in diese Welt zurückzuholen“, stellte die Kaisermutter nüchtern fest.

„Davor habe ich Furcht, Mama, die Furcht, daß sie dann einfach davonfliegt. Sie ist dazu imstande, glaube mir!“

„Wir werden sie daran zu hindern wissen.“

„Wenn wir das tun – und das ist meine zweite Furcht –, dann könnte sie daran zugrunde gehen.“

„Papperlapapp! Jetzt bildest du dir Sachen ein, mein guter Bub! Deine Sissy ist ein Frauenzimmer wie jedes andere auch. Sie tut geheimnisvoll, weil sie dich damit ködert. Sie möchte die Stärkere sein, das ist es! Wenigstens in dem Punkt fühlt sie sich als Kaiserin."

„Aber sie hat resigniert, Mama! Sie sagt, du seist die Stärkere!"

„Eine Finte, nichts weiter! Lehre du mich die Frauen kennen! Ich bin selbst eine."

Damit ließ sie ihren Sohn mit seinen Gedanken allein und steuerte geschäftig der Kindskammer zu, um dort nach dem Rechten zu sehen.

6
Machtwechsel

Anfang September trat das Kaiserpaar eine Reise in die Steiermark und nach Tirol an. Beide hofften, daß sie durch diese gemeinsame Fahrt in wunderschöne, spätsommerliche Herbsttage wieder enger zueinanderfinden würden.

Die Erzherzogin war, wie stets, in Wien bei den Kindern. Der Arzt, Dr. Seeburger, kurierte an der kleinen Sophie herum, ohne die Ursache für ihr ständiges Erbrechen herausfinden zu können. „Ich weiß nicht, was dem Kinde fehlt, Kaiserliche Hoheit", mußte er bekennen.

„Der allgemeine körperliche Zustand ist es nicht, das kleine Mädchen ist für sein Alter zwar ein wenig zart, aber ansonsten durchaus gut entwickelt. Weiß die Mutter davon, und was sagt sie?"

„Ihre Majestät befindet sich mit meinem Sohn auf einer Reise durch die Provinzen", erklärte die Erzherzogin. „Da ist es besser, die beiden nicht zu beunruhigen. Ich werde nichts berichten, denn ich hoffe, daß diese Unpäßlichkeit der kleinen Erzherzogin harmlose Ursachen hat und sich von selbst wieder beruhigen wird."

Solcherart übte sich die Erzherzogin Sophie in Rücksichtnahme; sie wollte den beiden ein paar Tage unbeschwerten Beisammenseins gönnen.

Am zweiten Tag ihrer Reise übernachteten sie in einem steirischen Gemeindegasthof. Am folgenden Morgen überraschte Franzl seine Sissy mit einem Brief, den er nach Wien geschrieben hatte. Das Schreiben war an seine Mutter gerichtet und enthielt die lapidare Anordnung, daß die Kinder nach dem Radetzky-Appartement zu übersiedeln seien, weil der Kaiserin nicht länger zugemutet werden könne, ihre Kinder erst nach mühsamem Treppensteigen in einem anderen Trakt der Hofburg aufsuchen zu können.

Die Erzherzogin fiel bei der Lektüre dieses Schreibens aus allen Wolken. „Dieses hinterlistige Geschöpf", ließ sie ihren Zorn an Sissy aus, „nützt meine Abwesenheit, um meinen Sohn auf ihre Seite zu ziehen! Erst die Kinder, dann auch noch womöglich die Politik! Da sei der

Himmel davor!“ Augenblicklich setzte sie sich hin und griff zur Feder.

Das junge Paar war in Heiligenblut, und Sissy wie auch Franzl befanden sich in Hochstimmung.

„Du, ich möchte diesen mächtigen Berg besteigen und von seinem Gipfel aus das prächtige Land ringsum sehen“, sagte Sissy und wies auf den Großglockner.

„Traust du dir das zu?“ fragte Franzl zweifelnd.

„Und ob!“ Sie lachte. „Du ahnst nicht, wo ich überall schon als kleines Mädchen mit meinem Vater geklettert bin.“

Die Besteigung des Großglockners war der Höhepunkt dieser Fahrt und für beide ein Erlebnis. Das junge Kaiserpaar wurde bei seiner Rückkunft in Heiligenblut gebührend gefeiert. Aber nicht nur der Bürgermeister erwartete die hohen Besucher, es wartete auch Post auf sie – das Antwortschreiben der Erzherzogin.

Sie waren allein in ihrem Gasthofzimmer, und eilig erbrach der Kaiser das Siegel.

„Sie schreibt nichts Gutes, nicht wahr?“ Sissy trat hinter ihren Gatten.

„Es ist noch viel schlimmer.“ Er gab ihr den Brief zu lesen.

Die Erzherzogin schrieb, daß sie, da sie nun offensichtlich nicht mehr gebraucht werde, beabsichtige, aus der Hofburg auszuziehen und ihren Sohn in Hinkunft der Obsorge ihrer Schwiegertochter zu überlassen.

Das traf Franzl, der an seiner Mutter sehr hing, schwer.

Sissy blieb stumm und blickte ihn nachdenklich an. „Sie wird es nicht tun“, sagte sie schließlich. „Das ist nur eine leere Drohung, um dich weichzuklopfen.“

„Und wenn sie es wirklich tut?“ fragte Franzl sorgenvoll. „Wenn sie sich in irgendein Schloß zurückzieht, um dort ihre alten Tage zu verbringen?“

„Dazu ist sie viel zu lebenslustig, trotz ihres Alters“, widersprach Sissy. „Von allen Angehörigen der kaiserlichen Familie ist sie die einzige, die fortgesetzt das Burgtheater und das Kärntnerthortheater besucht. Sie läßt sich kein neues Stück und keine Oper entgehen!“

„Aber sie ist in ihrem Eigensinn und Trotz imstande, auf alle Annehmlichkeiten des Stadtlebens zu verzichten.“

„Sie würde bald genug reuig in die Hofburg zurückkehren“, meinte Sissy. „Und außerdem liebt sie dich, und sie liebt auch das Regieren! Oh, sie wäre eine gute Kaiserin geworden, eine viel bessere, als ich es je sein werde.“

Nach einigem Überlegen schien auch Franzl dieser Ansicht zuzuneigen. Er schrieb kurz zurück, daß es bei seinen Anordnungen bliebe.

Sissy behielt recht. Die Erzherzogin hatte nicht im Traum daran gedacht, ihren Wohnsitz in der Wiener Hofburg aufzugeben. Aber die Kluft zwischen den beiden Frauen war mit einemmal abgrundtief.

Die Erzherzogin hatte eine eindeutige Niederlage erlitten und sah weitere voraus. Sie steckte sich hinter den ihr treu ergebenen Adjutanten des Kaisers, den Grafen Grünne, der bei jeder sich bietenden Gelegenheit in höchsten Tönen der Besorgnis von einer schweren Nervenkrise der Kaisermutter redete. Und der nicht minder treue Hofrat Dr. Seeburger wußte dies zu bestätigen.

„Das ist bloß ein neuer Trick“, versicherte Sissy dem irritierten Franzl, dem Innen- und Außenpolitik genügend Sorgen bereiteten.

Da war das eben abgeschlossene Konkordat. Es war nicht zuletzt durch die Bemühungen seiner Mutter zustande gekommen. Da war aber auch die nach wie vor gespannte Lage in Ungarn. Angehörige alter, national eingestellter Adelshäuser lebten in Frankreich in der Emigration und schürten von dort aus den Haß. Sie konnten es nicht verwinden, daß so mancher ihrer Verwandten nach der Niederschlagung des Aufstandes hingerichtet worden war. Diese Todesurteile trugen zwar Franz Josephs Unterschrift, aber sie waren über Drängen seiner Mutter erfolgt.

Die Südprovinzen wollten los von Wien und einem geeinten Italien angehören. Und was die im Bereich der Monarchie lebenden Slawen anging, so gebärdete sich Rußland als deren Schutzmacht und hatte mit einer gefährlichen Agenten-Wühlarbeit begonnen.

Der nervenaufreibende Krieg zwischen den beiden Frauen aber ging weiter. Sissy wich der Schwiegermutter immer mehr aus. Dafür besuchte sie immer öfter die Radetzky-Appartements. Die kleine Sophie war nun schon zwei Jahre alt. Sissy gelang es, ihre Zuneigung zu gewinnen. Gisela hingegen wurde das Nesthäkchen ihres kaiserlichen Vaters.

Franzl fand es allmählich an der Zeit, seinen alten Plan, gemeinsam mit seiner jungen Gattin die Südprovinzen zu bereisen, zu verwirklichen. Und zu Sissys Entsetzen erklärte er eines Tages: „Wir nehmen auch unsere kleine Sophie mit."

„Sophie?" erschrak Sissy. „Das kleine Kind? Niemals!"

„O doch", erklärte Franzl. „Einem Kind wird niemand etwas tun, und einer Mutter ebensowenig."

Sissy hatte arge Bedenken. „Ist denn auf die Polizei dort unten Verlaß? Wer schützt uns vor einem Bombenwerfer. Franz?"

„Hast du Angst? – Angst dürfen wir uns beide nicht anmerken lassen! Wir müssen im Gegenteil als die Repräsentanten des Herrscherhauses uns den Anschein geben, uns völlig sicher zu fühlen."

„Ach, Franzl, überleg es dir noch einmal!"

„Du redest wie Mama." Er schüttelte den Kopf. „Auch sie liegt mir in den Ohren, die Reise aufzuschieben."

„In diesem einen Fall stimme ich ihr zu."

„Aufschieben! Wie lange noch? Bis es zu spät ist? Nein! Ich halte den Zeitpunkt für gekommen! Ich werde meinen Bruder Maximilian zum Generalgouverneur ernennen. Du wirst sehen, es wird ihm gelingen, mit der Zeit die Bevölkerung zu gewinnen. Unsere Verwaltung funktioniert gut, weit besser, als es die italienische jemals könnte. Das ist nämlich mein Plan: dem Lande Wohlstand zu schenken und es dadurch auf friedliche Weise ganz für uns zu gewinnen.“

7
Eine Reise ins Ungewisse

Das lombardo-venezianische Königreich hatte ein Anrecht auf den Besuch seines Herrscherpaares, aber der Adel war nicht gewillt, den Kaiser und die Kaiserin als „sein“ Monarchenpaar anzuerkennen. Längst strebte Italien die Einheit an, und die Schlappen, die Radetzky und Haynau ihm zugefügt hatten, waren unvergessen.

Unter diesen Umständen war die Reise wirklich nicht ungefährlich, aber sowohl Franz Joseph als auch seine Berater waren sich darin einig, daß sie nun einmal unternommen werden müsse. Sissy hatte recht, wenn sie an der Zuverlässigkeit der örtlichen Polizei zweifelte. Einzig verläßlich schien in dem ganzen riesigen Gebiet der Monarchie nur die Armee zu sein.

So war die Situation, als Franz Joseph und Sissy mit der kleinen Sophie am 17. November 1856 den Hofzug bestiegen, der sie samt ihrem Gefolge nach dem Süden des Reiches bis an die Adria bringen sollte. Die Erzherzogin hatte das Kind der besonderen Obhut der Oberst-hofmeisterin Gräfin Esterházy-Liechtenstein anvertraut, während sie selbst sich in Wien um die noch winzige Gisi kümmern wollte.

Eindrucksvoll war der Blick auf die blauen Wasser der Adria, den sie am 20. November von Opcina aus genossen. Hier, von der Höhe aus, hatten sie nicht nur das Meer vor sich, unter ihren Füßen breitete sich auch die im Flaggenschmuck prangende Hafenstadt Triest aus.

In der Tat hatten die lokalen Behörden alles aufgeboten, um guten Eindruck zu machen. Der Bürgermeister und die Honoratioren empfingen das Herrscherpaar, und dann ging's zu einer Rundfahrt durch den Hafen auf einem riesigen Prunkfloß, „Galeggiante" genannt, das von einer mächtigen, aus buntem Glas gefertigten Krone geziert war.

Am Hafenpier stand eine schweigende Menge und beobachtete die Einschiffung des Kaisers, der Kaiserin und der kleinen Sophie, die von der Gräfin Esterházy-Liechtenstein getragen wurde. Das Floß hatte kaum vom Ufer abgestoßen, als es plötzlich einen fürchterlichen Knall gab und die kleine Sophie zu weinen begann.

„Sophie – mein Kind!" rief Sissy und riß die Kleine der Gräfin aus den Armen.

„Haltung, Sissy", mahnte jedoch der Kaiser.

„Man hat auf uns geschossen!"

„Die gläserne Krone ist zersprungen, wieso, weiß ich

nicht. Ein Schuß kann das nicht bewirkt haben, die Kugel hätte das Glas bloß durchlöchert, weiter nichts!"

Die „Galeggiante" wurden von den kräftigen Ruderstößen der Männer weitergetrieben, bis man an einer Mole anlegte, von der aus man über eine teppichbelegte Wegstrecke zum Rathaus gelangen sollte. Dort war alles für einen festlichen Empfang und ein großes Diner vorbereitet, bei welchem dem Kaiserpaar die Vertreter des Adels vorgestellt werden sollten.

„Eure Majestäten werden am Abend das prächtigste Feuerwerk erleben", versprach stolz der Bürgermeister, „das Triest je gesehen hat!"

Und das wurde es wirklich. Es begann aber nicht zur vorgesehenen Stunde und am vorgesehenen Orte, sondern bereits während des Diners in einem Lagerraum des Rathauses, wo die Feuerwerkskörper bereitgestellt waren. Die wenigen Gäste, die zum Mahl mit dem Kaiserpaar, das als eine Geste der Aussöhnung gedacht war, erschienen waren, ergriffen bei dem Krachen und dem Qualm, der durch die explodierenden Feuerwerkskörper entstand, Hals über Kopf und ohne Wahrung der Etikette die Flucht.

So wenig wie geklärt werden konnte, wodurch auf der „Galeggiante" die kunstvoll gestaltete Krone aus buntem Glas, sicherlich ein Meisterwerk der Glasbläserkunst, in tausend Scherben zersprang, so wenig konnte die Polizei herausfinden, wieso die Feuerwerkskörper sich entzündet hatten. Der Brand griff rasch um sich.

„Majestät mögen verzeihen!“ entschuldigte sich der verzweifelte Bürgermeister. „Es erscheint angebracht, das Gebäude zu verlassen. Sollte menschliches Versagen vorliegen, dann haben die Betreffenden mit den allerschwersten Strafen zu rechnen.“

„Lassen Sie nur, Herr Bürgermeister“, sagte der Kaiser, bitter lächelnd. „Dem Temperament seiner Bewohner gemäß, entbietet uns Triest eben einen feurigen Empfang.“

Das Bonmot ging im Krachen und im Geschrei der Leute unter. Der Qualm drang bereits in unheilverkündenden Schwaden in den Festsaal, und wer bisher noch mit eiserner Disziplin an der Tafel ausgehalten hatte, die aufzuheben ja einzig Sache des Kaisers war, schielte nach den Ausgängen.

Der Kaiser erhob sich, dankte nach allen Seiten und reichte Sissy den Arm. „Der eigenartigste Salut, den ich bisher erlebt habe“, scherzte der Monarch.

„Wenn es schon in Triest so zugeht, das seiner Zugehörigkeit zur Monarchie seinen wirtschaftlichen Aufschwung zu verdanken hat, wie wird das dann wohl erst in Venedig und gar Mailand werden, wo man uns doch so gar nicht gut gesinnt ist!“

„Wir werden es ja erleben“, fand der Kaiser.

In Venedig traf man am 20. November ein. Eine Prunkgondel brachte das Kaiserpaar zur Piazzetta, die im Flaggenschmuck prangte. Hinter den Absperrungen stand eine Menge dicht gedrängt und in finsterem Schweigen verharrend. Der Weg über den Teppich bis zur Kathedrale

San Marco glich einem Spießrutenlauf. Feindseligkeit wehte den Wienern entgegen. Nicht ein einziges „Evviva" war zu hören, die „Hurra"-Rufe kamen ausschließlich von den Uniformierten der k. u. k. Armee und von einigen heimischen Beamten, die zaghaft einstimmten.

„Das sind ja schöne Aussichten", fand Sissy.

Das Kaiserpaar sollte bis über das Neujahrsfest in der Lagunenstadt Aufenthalt nehmen. Es waren Festlichkeiten und Empfänge, auch eine große Weihnachtsbescherung für die Armen der Stadt geplant – eine besondere Gelegenheit für die junge Kaiserin, auch mit den unteren Schichten der Bevölkerung Kontakt aufzunehmen.

Der Dogenpalast war als Ort ihres Aufenthaltes schon seit den Sommermonaten renoviert worden. Als nun das Kaiserpaar mit seinem Gefolge den Palast betrat, zeigte sich, daß Teppiche, Vorhänge, ja selbst Tischdecken aus grünem Samt bestanden, so daß das ganze Haus in den italienischen Nationalfarben Rot-Weiß-Grün prangte.

„Ein Affront", stellte Adjutant Graf Grünne fest. „Das sollten sich Majestät keinesfalls bieten lassen!"

„Warum?" Franz Joseph machte gute Miene zum bösen Spiel. „Es harmoniert doch, ist recht lebhaft und endlich einmal etwas anderes!"

Trotz dieser unheilverkündenden Ouvertüre nahm der Aufenthalt in Venedig einen besseren Verlauf, als zu befürchten gewesen war.

Am 29. November stand auf dem Programm der große Empfang für die venezianischen Adelsfamilien. Einhundertdreißig Träger berühmter alter Namen waren geladen. Aber nur dreißig von ihnen bahnten sich durch ein Spalier von Neugierigen, die sie mit Schimpfworten und Schmährufen bedachten, den Weg in den Palast.

Der Cercle verlief unter diesen Umständen steif und gezwungen, Franzl und Sissy gaben sich alle Mühe, Konversation zu machen. Aber auch das Diner, bei dem auserlesene Gerichte serviert wurden, verlief in gedrückter Stimmung.

„Wir sind hier nicht willkommen, das ist nicht zu übersehen", stellte Franzl nach dem ermüdenden und deprimierenden Abend fest. „Was kann man nur tun, um diese Leute davon zu überzeugen, daß wir nur das Beste im Sinn haben?"

„Laß uns einfach mit der Gondel fahren und spazierengehen. Gehen wir doch mit dem Volk auf Tuchfühlung", schlug Sissy vor.

„Das würdest du wirklich wagen?"

„Natürlich. Versuchen wir mit den einfachen Leuten zu reden, wenn uns schon der Adel nicht mag."

„Aber es ist ein Wagnis, Sissy!"

„Dann gehe ich eben allein – mit dem Kind und der Gräfin."

„Das kommt nicht in Frage! Wenn schon, dann gehen wir gemeinsam. Ich bleibe an eurer Seite."

Und dabei blieb es.

Schon der erste Ausgang war ein Erfolg. Die Venezianer bewunderten den Mut des Herrscherpaares. Und sie begannen nicht nur den Mut, sondern auch die Schönheit und Anmut der jungen Kaiserin zu bewundern, die, ihr Kind auf dem Arm, an der Seite ihres Gatten Verkaufsgewölbe betrat, Einkäufe tätigte und mit den Verkäufern plauderte, als ob sie sich daheim auf einem Wiener Markt befände.

Ganz aufgeregt kehrten die beiden jungen Leute in den Palast zurück. „Du wirst sehen, es klappt!" freute sich Sissy.

„Vielleicht bloß deshalb, weil die Leute nicht darauf gefaßt waren, daß wir uns so ungezwungen inmitten der Passanten bewegen würden. Dein Italienisch, mein Engel, ist übrigens ganz allerliebst."

Der darauffolgende Abend, der Besuch einer Festaufführung im Teatro La Fenice, brachte aber den erwarteten Rückschlag. Die Logen der meisten Adelsfamilien blieben leer, und kein Hochruf begrüßte das Kaiserpaar, als es in seiner Loge erschien.

Zeigte sich Sissy mit der Kleinen, dann konnte man schon gelegentlich bewundernde Bemerkungen hören. Manche Leute fingen an, freundlichere Blicke zu werfen und sogar zu grüßen.

Eines Tages wagte es ein ehemaliger Offizier auf der Piazza die Kaiserin anzusprechen. „Majestät", begann er, „die Leute sagen, Sie hätten ein gutes Herz, und wenn man Sie so mit Ihrem Kinde sieht, das Gott segnen möge, dann möchte man das auch glauben. Ich war Major in der k. u. k. Armee, aber durch meine Teilnahme an der Revolution von 1848 habe ich meine Pension eingebüßt. Ich habe eine Frau und eine Tochter, und seit die Majestäten hier in Venedig sind, habe ich mehrmals versucht, im Palazzo ein Bittgesuch abzugeben.

„Haben Sie die Bittschrift hier?" fragte Sissy. „Dann will ich sie gerne dem Kaiser geben."

„Ach nein, Majestät, ich habe doch nicht damit gerechnet, Majestät auf der Piazza zu begegnen."

Sissy überlegte einen Augenblick und streifte dann ihren linken Handschuh ab. „Ich werde Bescheid geben, daß man Sie zum Kaiser vorläßt, sobald Sie diesen Handschuh vorzeigen", sagte sie dann. „Kommen Sie heute noch, oder, wenn Ihnen das nicht konveniert, spätestens morgen. Man wird Ihnen keine Schwierigkeiten machen. Viel Glück, und grüßen Sie Ihre Frau und Ihre Tochter!"

Jetzt erst ging die Kaiserin weiter, nahm das Kind auf den Arm, und die Umstehenden, die neugierig haltgemacht hatten, um das Gespräch mit anzuhören, brachen plötzlich in Beifall aus. „Evviva la Mamma!" rief einer begeistert.

„Ich werde noch mehr tun", sagte der Kaiser, nachdem ihm Sissy den Vorfall geschildert hatte. „Ich werde eine Generalamnestie erlassen. Sozusagen als Weihnachtsgeschenk für die Betroffenen."

Am 3. Dezember wurde die angekündigte Amnestie erlassen. Beschlagnahmte Güter wurden freigegeben, verhängte Strafen erlassen. Am Abend des 6. Dezember, dem Tag des heiligen Nikolaus, zeigten sich Franzl und

Sissy wieder in der Hofloge des Teatro Fenice. Überrascht blieben sie stehen, als ein voller Zuschauerraum sie mit stehenden Ovationen begrüßte.

Am 20. Dezember wurde ein Weihnachtsbaum im Palazzo aufgestellt und nach Sissys Angaben festlich geschmückt. Der Baum kam nicht in die oberen Gemächer, sondern in die Empfangshalle. „Die Venezianer sollen ihn bewundern dürfen“, fand Sissy. „Ich glaube, sie kennen den schönen Brauch noch gar nicht.“ Tatsächlich war das allgemeine Staunen groß, besonders bei der Bescherung für die Armen der Stadt. Daß sich die kaiserliche Familie so offen zeigte und damit ihr Vertrauen bewies, brachte ihr nicht nur viele Sympathien ein, sondern fand Bewunderung ob ihres Mutes.

Man blieb noch übers Neujahrsfest. Dann ging es weiter nach Mailand. Und als der Hofzug in den schwarzgelb beflaggten Bahnhof einfuhr, stieg Franzl nicht ohne Bangen aus. Die Militärkapelle intonierte die Hymne, der Statthalter und der Bürgermeister hielten ihre einstudierten Reden, der rote Teppich war ausgelegt.

Eine ungeheure Menschenmenge säumte die Straßen. Der Statthalter hatte sein Menschenmöglichstes getan und die Leute aus den umliegenden Dörfern herankarren lassen. Sie erhielten für ihr Kommen ein Geldgeschenk und eine Mahlzeit. Das wußten Franzl und Sissy allerdings nicht. Aber sie standen schweigend da.

Kaum ein Fünftel der hoffähigen Adelsleute Mailands erschien zum offiziellen Empfang. Und bei der Galavorstellung in der Scala kam es zum Eklat. Die Besitzer der Logen waren aufgefordert worden, bekanntzugeben, ob sie diese benützen wollten oder nicht. Für den Fall einer Absage hatte der Statthalter angeordnet, daß die freien Logenplätze Offiziere und Beamte samt deren Angehörigen zur Verfügung gestellt werden sollten. Doch der Adel sagte nicht ab. Und tatsächlich waren an jenem Abend alle Logen besetzt – mit der Dienerschaft der Adelsfamilien!

„Gewähre ihnen, so wie den Venezianern, eine Generalamnestie!“ schlug Sissy vor.

„Das ist schon beschlossene Sache. Aber ich fürchte, bei der haßerfüllten Halsstarrigkeit dieser Leute wird uns das wenig nützen.“

Zu einem Hofkonzert erschienen knapp dreißig Personen. Der Adel tat einfach, als wäre das Kaiserpaar gar nicht vorhanden.

Der Kaiser proklamierte die Generalamnestie und zeigte sich dann mit Frau und Kind auf dem Balkon des Palastes. Unten aber wogte die Menge vorbei, und nur wenige warfen einen Blick herauf.

Auf dem Heimweg nach Wien war der Besuch der feenhaft beleuchteten Adelsberger Grotte letzter und versöhnlicher Programmpunkt dieser Reise. Sissy und Franzl genossen dieses Naturwunder.

„Alles in allem ist es wenigstens gut abgelaufen“, sagte Franz Joseph. „Es ist nichts Ernsthaftes passiert, und das schöne Venedig haben wir gewonnen. Das ist dir und unserer kleinen Sophie zu danken. Ihr beide habt mir keine Schande gemacht.“ Zufrieden drückte er Mutter und Kind an seine Brust.

8
Auch die Ungarn sollen gewonnen werden

Das Wiedersehen mit Erzherzogin Sophie und vor allem der kleinen Gisi war für Sissy eine angenehme Überraschung. Die Kaisermutter zeigte sich der Versöhnung zugeneigt und hatte auch Verständnis für Franzls Entscheidung bezüglich der Kinder. Alles ließ sich gut an, aber die politischen Notwendigkeiten überschatteten bald wieder das Privatleben der kaiserlichen Familie.

Sissy, die Reise nach Ungarn vor Augen, erklärte eines Tages, die Erfahrung in Italien habe gezeigt, daß die Bevölkerung positiv auf das Auftreten von Mutter und Kind reagiere. In Ungarn könne der Effekt noch verstärkt werden, wenn Sissy mit beiden Kindern vor das Volk träte.

Der Kaiser glaubte ihre politischen Argumente als berechtigt anerkennen zu müssen, und seine Berater waren schlichtweg begeistert. „Ihre Majestät zeigen Talent zur Herrscherin“, war ihre einhellige Meinung.

Der Kaiser blieb auch diesmal trotz der Proteste seiner Mutter dabei, seiner Gattin recht zu geben. Mit ehrlicher Besorgnis sah die Erzherzogin ihre beiden Enkelkinder samt deren hoffnungsfrohen Eltern den Hofzug besteigen, der sie nach Ofen bringen sollte. Um ein Haar wäre sie selbst in letzter Minute noch mitgereist. Aber nicht nur Sissy, sondern vor allem der Innenminister, Alexander von Bach, waren dagegen. Er gab zu bedenken, daß man in Ungarn die erfolgten Hinrichtungen und Landesverweisungen in erster Linie Ihrem Einfluß zuschreibe. Bei dem Temperament der Ungarn könnte niemand für die Sicherheit ihrer Person garantieren, vor allem aber wäre doch wohl der ganze Erfolg der Mission des Kaiserpaares in Frage gestellt!

Diesen Argumenten war nichts entgegenzusetzen. Sophie war eine zu kluge Frau, um deren Stichhaltigkeit nicht zu erkennen.

Umgekehrt war es längst bis Ofen gedrungen, daß es Spannungen zwischen der Kaiserin und der verhaßten Erzherzogin Sophie gab. Dieser Umstand allein verschaffte Sissy bei den Ungarn gewisse Sympathiewerte, noch bevor sie den Fuß auf den Boden des Landes setzte. Instinktiv hofften nicht nur die Budapester Politiker, die konsequent das Ziel einer eigenständigen Politik verfolgten, in ihr eine mögliche Bundesgenossin zu finden. Franzl als Verfechter der zentralistischen Idee mußte ihnen naturgemäß weit weniger angenehm sein.

„In dieser Stadt könnte ich mich wohl fühlen", bekannte Sissy offen. „Ich weiß nicht, was man in Wien gegen die Ungarn hat. Das sind doch liebenswürdige und kultivierte Leute, und alle sind so freundlich zu mir!"

„Sie sind nicht immer freundlich zu uns gewesen, mein Engel, und auch heute sind sie es noch nicht zu jedem. Ich zum Beispiel habe mit den ungarischen Ministern einen harten Stand. Es ist fürwahr kein Honiglecken!"

„Und eine Amnestie? – In Italien hat sie doch ihre Wirkung nicht verfehlt."

„Natürlich erlasse ich die Amnestie. Aber die Amnestie macht die Toten nicht wieder lebendig. Die Gehenkten und Erschossenen kann ich nicht mehr amnestieren, ich kann ihnen höchstens ihre Ehre zurückgeben und ihren Angehörigen die konfiszierten Güter wieder überlassen. Aber sie werden das nur für recht und billig finden und mich weiter hassen."

„Man muß auf die Zukunft hoffen. Ich, lieber Franzl, habe kein schlechtes Gefühl. Hier in Ungarn scheint vieles möglich."

„Gott gebe, daß du recht behältst", meinte Franzl skeptisch.

Fast täglich kamen Briefe der Erzherzogin Sophie aus Wien, die sich besorgt nach dem Befinden der beiden Kinder erkundigte, und eben sooft schrieben ihr Sissy und der begleitende Hofrat Dr. Seeburger zurück, der als

Arzt keinen Anlaß zur Besorgnis hatte. Gisi und die kleine Sophie waren gesund und munter.

Dann traten Franzl und Sissy in großer Begleitung die Reise ins Landesinnere an. In allen Städten, auf allen Schlössern wie auch in den Dörfern zeigten sich die Ungarn angetan von Sissys Schönheit, und da diese die ihr entgegengebrachte Sympathie aufrichtig erwiderte, zeichnete sich schon bald eine Annäherung ab, die einen echten Erfolg dieser Reise versprach.

Die beiden Kinder waren unter der Obhut Dr. Seeburgers in Ofen zurückgeblieben. Wenigstens in diesem Punkt wurde den Vorstellungen ihrer Großmutter entsprochen. Und da kam plötzlich besorgniserregende Nachricht! Nicht die kleine Gisela, sondern Sophie, die man schon aus dem Ärgsten heraus wähnte, erkrankte plötzlich.

„Ich breche die Reise ab, ich muß zu meinem Kind!" war Sissys erste Reaktion.

Doch Franzl verneinte. „Das kannst du nicht, das ist jetzt ganz und gar unmöglich!" stellte er fest. „Ich hoffe, Doktor Seeburger, der ein vortrefflicher Arzt ist, wird die Kleine bald wieder kurieren. Niemand würde es verstehen, wenn du die Besuchsfahrt abbrichst."

„O doch, alle Mütter und Väter werden es gewiß!" verteidigte Sissy ihren Entschluß."

„Aber die Politiker leider nicht", meinte Franzl bedrückt. „Politik ist oft so herzlos, mein Kind – ja, wahrscheinlich ist sie es sogar immer!"

Was hatte nur das arme Kind? Es fieberte, erbrach sich, das alte Übel schien verstärkt wiederzukehren, nahm diesmal bedrohliche Formen an.

„Es sieht gar nicht gut aus", konstatierte der Arzt, über das Bettchen gebeugt. Er versuchte alle Mittel seiner ärztlichen Kunst, aber es trat keine Besserung ein, im Gegenteil, der Zustand des Kindes verschlechterte sich in besorgniserregendem Maße. „Ich muß die Eltern verständigen", erkannte er schließlich.

Da Seeburger keine eindeutige Diagnose treffen konnte, war es ihm auch nicht möglich, zielführend zu behandeln. So nahm denn das Unheil seinen Lauf. Hatte er anfangs gemeint, das Fieber rühre daher, daß die Kleine Zähne bekäme, so stellte sich nun blutiger Durchfall ein. Jetzt endlich glaubte Dr. Seeburger es nicht länger verantworten zu können, dem Kaiserpaar den Zustand des Kindes zu verschweigen, und er schickte ein Telegramm nach Debreczen.

Hier war alles voller Erwartung. Man hatte gewaltige Vorbereitungen getroffen, um Franzl und Sissy einen würdigen Empfang zu bereiten. Berittene Czices auf herrlichen Pußtapferden, Frauen und Mädchen in ihren schmucken Nationaltrachten, Czigany mit ihren Geigen und ein großes Volksfest erwarteten Kaiser und Kaiserin.

Besonders die Pferde begeisterten Sissy. Leuchtenden Auges bewunderte sie die herrlichen, rassigen Tiere. Jetzt endlich hatte sie das ersehnte Erlebnis, und es hätte nicht viel gefehlt, und sie wäre selbst losgeritten . . . Ihre sachverständige Bewunderung wußte man in Debreczen bei den Pferdezüchtern wohl zu schätzen.

Aber Seeburgers Telegramm kam wie ein Blitz aus heiterem Himmel. Und so wurde die Reise abgebrochen.

In Ofen eilte Sissy atemlos und mit bangem Herzklopfen ins Zimmer der armen Kleinen, das bereits ein Sterbezimmer war. „Ich gebe die Hoffnung nicht auf, Majestät", versicherte der Arzt zwar, aber Sissy erkannte sofort, daß es hier keine Hoffnung mehr gab.

Schluchzend warf sie sich über das Bettchen des röchelnden Kindes, dessen glasige Augen erkennen ließen, daß der Todeskampf bereits einzusetzen begann. Der Vater stand erschüttert daneben. Der Anblick seiner schluchzenden Frau ergriff ihn zutiefst. „Gibt es denn kein Mittel?" fragte er leise.

Doktor Seeburger hob bloß die Schulter. „Ich habe alles versucht, Majestät. Ich bin am Ende meiner Weisheit. Hier kann nur noch Gott helfen."

Da kniete der junge Kaiser nieder und begann zu beten.

In der zehnten Abendstunde hatte das Kind ausgelitten.

Unsere kleine Sophie ist als Engel im Himmel. –
Wir sind vernichtet – Franz Joseph und Elisabeth

Der Erzherzogin entglitt das Telegramm, das sie in der Wiener Hofburg erhielt. „Meine Ahnung!" rief sie, während ein Zittern sie befiel. „Warum hat man die Kinder nicht bei mir gelassen?! Nun ist es passiert!“

Die Ungarn-Reise des Kaiserpaares wurde abgebrochen. Hätte es noch eines Anlasses bedurft, um ihm die Sympathien zu gewinnen, dann war es dieser Schicksalsschlag, der sie gerade auf ungarischem Boden traf.

Die kleine Erzherzogin trat ihre Rückreise nach Wien in einem kleinen Bleisarg an und wurde unter großer Anteilnahme der Bevölkerung in der Kapuzinergruft beigesetzt. Glücklich an diesem Tag war nur der Freiherr von Bach, der das Resümee der Ungarn-Reise zog.

9
21. August 1858

Ihre Majestät, die Kaiserin ging in Laxenburg wieder „zum Kinde“. Und der Jubel im Reich war groß, als einundzwanzig Kanonenschüsse die Geburt eines Thronfolgers verkündeten. Der so heiß ersehnte Thronerbe hatte das Licht der Welt erblickt!

Die kleine Erzherzogin Sophie schlummerte in ihrem winzigen Sarg inmitten ihrer Ahnen in der Gruft der Habsburger; ihr Tod zählte nicht mehr. Nun war ein Thronfolger geboren!

Es war eine schwere Geburt gewesen. Aber dann, als alles vorüber war, war ein seliges Leuchten über das Antlitz der Gebärenden geglitten, das noch die Spuren des Erlittenen zeigte.

Franzl liefen Tränen der Freude über die Wangen. Er küßte ein ums andere Mal seine Frau. „Alles Glück, alles Glück dieser Welt, alles, was du dir nur wünschen kannst, sollst du haben!“ versicherte er ihr. „Sissy, ich leg’ es dir zu Füßen!“

Nicht minder glücklich war auch die Erzherzogin. Sie küßte ihren Sohn und auch ihre Schwiegertochter, griff sich das Baby und hielt es triumphierend hoch, so daß jeder es sehen konnte. „Der Erbe des Reiches!“ verkündete sie stolz.

„Ich möchte ihn auch haben“, hauchte Sissy leise.

„Da, schau, dein Bub!“ Sophie hielt ihn der Mutter hin, ließ ihn aber nicht aus den Händen.

„So gib ihn mir, bitte!“

Aber der Wunsch blieb unerfüllt. Zwar war die Stellung der jungen Kaiserin nunmehr fester denn je, aber was die Erziehung der Kinder und deren Wohlergehen betraf, fühlte sich Erzherzogin Sophie nach der Katastrophe von Ofen mehr denn je berechtigt, dafür wieder selbst zu sorgen.

Sissy erholte sich nur langsam. Und sie bekam ihr Kind nicht mehr zu Gesicht. Das war längst wieder in einer der „Kindskammern“ verschwunden und wurde von Ammen gesäugt, während Sissys Brust schmerzhaft überquoll. Erst allmählich und mit ärztlicher Hilfe fand sie wieder zu ihrem gewohnten Leben zurück – dem Dasein einer Mutter, der man das eigene Kind beharrlich vorenthält.

Der Gratulationen und Taufgeschenke für den kleinen Rudolf gab es viele. Anfänglich fand der stolze Vater, sein Sohn wäre „magnifique gebaut", doch schon wenige Jahre später bezeichnete er ihn enttäuscht als „Krepierl".

Was die Betreuung und Erziehung der Kinder betraf, so hatte Sissy nun wirklich klein beigegeben. Der Tod der kleinen Sophie hatte sich schmerzlich in ihr Gewissen gegraben, sie fühlte sich schuldig, weil sie die Warnungen ihrer Schwiegermutter in den Wind geschlagen hatte.

Sophie war klug und taktvoll genug, nicht mit Worten an diese Tragödie zu rühren, doch ihr Blick sagte mitunter mehr, als es Worte vermocht hätten, wenn sich Sissy wieder einmal in der „Kindskammer" zeigte, um selbst nach dem Rechten zu sehen.

Und wieder einmal bescherte die Weltgeschichte Österreich einen Krieg. Der Kaiser bezog sein Hauptquartier in Verona. Es galt, sich gegen Sardinien zu erwehren und gegen das Frankreich Napoleons III., der es unterstützte.

Das Kriegsglück war launisch, zeigte sich in zunehmendem Maße den Österreichern nicht gewogen. Der junge Kaiser hatte Trost und seelische Stärkung dringend nötig, und Sissy wäre gern zu ihm ins Feld gereist, aber daran war nicht zu denken. Alle rieten ihr davon ab, und Franzl selbst verbot ihr, zu ihm zu kommen.

Aber Bilder wollte er haben, Bilder seiner Kinder. Sissy erfüllte ihm diesen Herzenswunsch und sandte ihm die Konterfeis seiner Lieblinge, die unter der strengen Aufsicht seiner Mutter heranwuchsen und die sie selbst nur höchst selten und unter erschwerenden Umständen zu Gesicht bekam. Die Herrschaft der Erzherzogin über die Kinderstuben war jetzt eine unumschränkte.

So kämpften sie denn beide um ihr Recht: Franzl im Süden des Reiches, Sissy abwechselnd in Schönbrunn und in Laxenburg, wo sie mitunter in erschöpfenden Ausritten ihren Grimm abzureagieren suchte.

„Du solltest nicht so viel und so wild reiten, mein Kind!“ tadelte Sophie, die nun auch noch Elisabeth zu bemuttern und zu gängeln versuchte. „Du weißt, daß dies deinem Unterleib nicht zuträglich ist. Unser Rudolf wird nicht dein letztes Kind gewesen sein. Du mußt Rücksicht auf die Zukunft nehmen!“

Ins gleiche Horn stieß auch Dr. Seeburger. Da er aber ganz und gar nicht Elisabeths Vertrauen besaß, predigte er ins Leere. Nach der schlimmen Erfahrung mit dem Tod ihres erstgeborenen Kindes hegte Elisabeth zu Seeburgers ärztlicher Kunst kein Vertrauen mehr und hatte für sich selbst einen Doktor Fischer gewonnen, einen modern denkenden Mann, mit dem sie sich weit besser verstand.

Schon ein Jahr nach der Eheschließung von Schwester Marie starb König Ferdinand von Neapel, und Sissys Schwager Franz bestieg den Thron. Schwester Marie war nun Königin, und in Possenhofen wäre alles eitel Wonne gewesen, hätte nicht Sissys Bruder Ludwig die Familie durch eine ausgesprochene Mesalliance aus der Fassung gebracht. Seine Auserwählte war ganz und gar nicht standesgemäß: die Schauspielerin Henriette Mendel.

„Was für ein Skandal!" entrüstete sich Sophie. „Man bedenke, daß nun eine jüdische Komödiantin Schwägerin der Kaiserin von Österreich wird!"

Henriette Mendel war eine sehr kluge, damenhafte Person, die natürlich ihre Bühnenkarriere aufgab. Sie erhielt den Titel einer „Freifrau von Wallersee". Das war aber auch alles, was der Hof in dieser Angelegenheit für die beiden zu tun gesonnen war, die sich allerdings nichts daraus machten, sondern miteinander sehr glücklich wurden.

Dem jungen Königspaar in Neapel war das Glück nicht hold. Es geriet in der nächsten Zeit in arge Schwierigkeiten, denn da war Garibaldi, der Mann hinter den Einigungsbestrebungen Italiens. Das Volk lief ihm zu, die Soldaten liefen jubelnd zu seinen wilden Haufen über: Palermo fiel am 6. Juni 1860 in seine Hand. Und die tapfere, erst zwanzigjährige Schwester Marie mußte mit ihrem Gatten flüchten. Bei der Belagerung von Gaeta wurde sie zur Heldin – ganz im Gegensatz zu ihrem Mann.

Marie von Neapel sandte vergeblich Hilferufe nach Wien. Franz Josephs Armee war bei Solferino blutig geschlagen worden, und die bevorstehende Zusammenkunft in Villafranca mit Napoleon III. – der sich insgeheim durch Preußen bedroht sah und daher Frieden brauchte – würde Österreich zudem die Lombardei kosten. Das Drama des neapolitanischen Königreiches endete mit einem vollständigen Sieg Garibaldis und der Flucht des Königspaares in den Kirchenstaat.

In Wien aber kam es der Kinder wegen zu immer heftigeren Auseinandersetzungen zwischen Sissy und ihrer Schwiegermutter, und als Franzl – um eine Provinz ärmer – nach Wien zurückkehrte, fand er seine junge Frau in einem besorgniserregenden Zustand vor.

„Majestät, es liegt bei Hochdero Gemahlin eine hochgradige Überreizung der Nerven, aber überdies eine Lungenaffektion vor", informierte Doktor Fischer den Kaiser.

„Die Lunge ist angegriffen?" erschrak der Kaiser.

„So ist es, Majestät. Es ist dringend ein Ortswechsel zu empfehlen, der nicht nur eine Besserung des nervlichen Zustandes herbeiführen wird, sondern auch eine solche der Lungenaffektion zur Folge haben muß."

„Und was schlagen Sie vor?"

„Eine Seereise würde guttun. Ein längerer Aufenthalt auf einer Insel, etwa Madeira oder Korfu . . ."

Er war heimgekommen und hatte statt Trost und seelischer Hilfe alles in einer katastrophalen Situation vorgefunden. Zwischen seiner Frau und seiner Mutter herrschte offenbar nicht nur offener Krieg, Sissy war auch noch allem Anschein nach ernsthaft erkrankt.

„Sissy geht es offenbar ernsthaft schlecht", sagte er wenig später zu seiner Mutter Sophie.

„Das kommt vom vielen Reiten! Sie ist jedesmal ganz außer Atem, wenn sie heimkommt. Ich habe ihr gesagt, sie solle sich schonen, aber sie hört ja nicht auf mich!"

„Doktor Fischer hat mir soeben seine Diagnose mitgeteilt. Sissys Lunge ist gefährdet. Er empfiehlt einen Kuraufenthalt."

„Mag sie nur reisen. Ich kümmere mich schon um die Kinder wie bisher."

Das Sekretariat der Kaiserin sagte alle ihre Verpflichtungen ab. Auch verzichtete der Hof auf ihre Anwesenheit bei Tafeln und Empfängen.

Eine Welle von Gerüchten überflutete Wien.

10
Rudolf

Er hatte keine leichte Kindheit, denn er war Kronprinz, die Hoffnung eines Reiches, der Garant einer besseren Zukunft. Nur wer gelernt hat, zu gehorchen, kann auch eines Tages befehlen, war einer der Wahlsprüche seines Erziehers.

Generalmajor Leopold Graf Gondrecourt, der am 9. Juli 1864 zum Obersthofmeister des sechsjährigen Knaben ernannt wurde, lebte und „erzog" nach diesen Grundsätzen, bis ihm Sissy Einhalt gebot. Doch bis dahin hatte er der Psyche des kleinen Jungen bereits schwer geschadet.

Schon vorher hatte es mit dem „Krepierl" Probleme über Probleme gegeben. Seine Aja, Karoline Freiin von Welden, sah sich genötigt, das schwächliche Knäblein mühsam aufzupäppeln, und der Graf war der Ansicht, daß der Sechsjährige durch militärischen Drill nicht nur zu einem guten Soldaten erzogen werden müsse, sondern daß ihm „Abhärtung" körperlich nützlich sei. Er wollte ihn „stählen" und ließ den kleinen „Oberst-Inhaber", der bereits in voller Montur antreten mußte, während andere Kinder noch ihr Schaukelpferdchen ritten, im Kronprinzengarten bei Eisregen exerzieren und weckte ihn nachts durch Schüsse auf.

Vater Franz Joseph legte Wert auf eine „standesgemäße, moderne und dem Zeitgeist gerecht werdende Erziehung"; die Großmutter wollte ihren Enkel vor allem „im Glauben gestärkt" sehen und „im Bewußtsein seiner künftigen Herrscherwürde". Der Kaiser arbeitete selbst unter Hinzuziehung prominenter Koryphäen einen Erziehungsplan aus, kaum daß der Bub seine ersten tolpatschigen Schritte hatte tun können. Erzherzogin Sophie änderte daran manches in ihrem Sinn und legte vor allem Wert auf den Religionsunterricht. Graf Gondrecourt aber wollte aus Rudolf einen zweiten Radetzky machen.

Und die Mutter? Sie war seit Jahren immer wieder auf Reisen, lebte auf Madeira, befuhr die Meere und träumte auf Korfu durch die Tage.

Sissy war zweifellos leidend – seelisch wie körperlich. Gelegentlich schrieb sie an ihre Kinder in Wien Briefe. Darin hieß es immer wieder: „Bitte vergeßt eure Mami nicht!“

Nach einem solchen Brief erkannte Sophie, daß es höchste Zeit sei, die Kaiserin wieder einmal nach Wien zurückzuholen. Sie sandte Grünne und Dr. Seeburger nach Korfu.

Seeburger fand, daß die Kaiserin sich erholt habe und durchaus zu reisen imstande sei. Und Grünne meinte zu Sissy, daß sich die Öffentlichkeit bereits über das lange Fernbleiben der Kaiserin ernsthaft Sorgen mache und böswillige Zungen Gerüchte in Umlauf brächten, so daß es unbedingt nötig sei, diese zu entkräften, indem die Kaiserin sich in Wien der Öffentlichkeit zeige.

„Also“, sagte Sissy seufzend, „werde ich mich wieder in die Sielen werfen und heimfahren.“

„Niemand wird darüber mehr entzückt sein als Seine Majestät, der Kaiser“, versicherte Grünne.

Damit waren die Würfel gefallen. Die kaiserliche

Jacht „Greif“ brachte Sissy nach Venedig, wo sie zu ihrer übergroßen Freude und Überraschung Franzl, aber auch Rudi und Gisi in die Arme schließen konnte.

Um die Freude zu vervollständigen, war auch noch Mama Ludowika aus Bayern gekommen. Den beiden Kindern war die Großmutter ziemlich fremd, und auch zu Sissy, die ihnen mit aller Zärtlichkeit eines übervollen Mutterherzens gegenübertrat, fanden sie erst allmählich Zugang.

„Siehst du, Franzl“, sagte sie daher zu ihrem Mann, „das ist die Folge davon, daß deine Mutter die Kinder so ganz und gar mit Beschlag belegt hat und sie auch in ihrem Sinne erziehen läßt. Sie kennen ja fast niemanden als sie und jene Personen, die im Auftrag deiner Mutter um sie sind. Sie wachsen in völliger Isolierung heran, in einer Welt, die deine Mutter für sie zurechtzimmert und die gar nicht der Wirklichkeit entspricht.“

„Das siehst du nicht ganz richtig, Sissy“, korrigierte Franzl. „Aber in einigen Punkten hast du recht. Mama ist nun eben eine Frau von altem Schlag, und die Zeiten haben sich geändert. Man arbeitet an einem Schulgesetz, und ich bin gesonnen, unsere Kinder diesem Gesetz gemäß heranzubilden.“

„Und Mama? Was sagt sie dazu?“ forschte Sissy.

„Die ist mit dem Gesetz ganz und gar nicht einverstanden.“ Franzl lächelte.

„Ja“, sagte Sissy. „Ich werde mich darum kümmern, und mir die Lehrer ansehen, die für unsere Kinder bestimmt sind. Und noch eines – ich möchte mir endlich meine Hofdamen selbst wählen."

Franzl verzog leicht bekümmert das Gesicht. „Darüber wird sie sich aber freuen."

„Das ist mir einerlei, Franzl. Ich bin schließlich erwachsen. Es muß absolut mir selbst überlassen bleiben, mir meinen Hofstaat auszusuchen."

„Du sollst, was dich betrifft, deinen Willen haben", stimmte Franzl zu. „Doch was die Erziehung unserer Kinder betrifft, so ist es zumindest in bezug auf Rudi meine Angelegenheit, dafür zu sorgen, daß er die gedeihlichste, bestmögliche und umfassendste Erziehung erhält. Das sind wir nicht nur ihm, das sind wir dem Reich schuldig, dem er eines Tages vorstehen soll."

Sissy gab sich mit dem Kompromiß zufrieden. Rudolf blieb weiterhin dem Einfluß des Vaters und damit auch dessen Mutter, der Erzherzogin, ausgeliefert.

Sissy konnte, wenn sie den schmächtigen kleinen Jungen ansah, der ein so scheues Gehabe zeigte, nur bedauern. Und sie beschloß, auch auf die Erziehungsmethoden, die bei ihm angewendet wurden, ein wachsames Auge zu haben.

Das sollte sich bald genug als nötig erweisen. Denn es wurde offenbar, daß Gondrecourt ein Mann war, der an dem Kronprinzen seinen Sadismus auslebte.

Mama Ludowika reiste über Innsbruck nach Bayern zurück. Gar zu gerne wäre ihr Sissy mit Mann und Kindern nach Possenhofen gefolgt. Aber das war leider nicht möglich. Sie mußte nach Wien, und so kam es wieder zu einem tränenreichen Abschied.

Sissy war bald wieder in Schönbrunn. Und hier zeigte sich schon an einem der nächsten Tage, wes Geistes Kind der General war und daß Franzl mit dessen Bestellung zum Erzieher Rudolfs einen Mißgriff getan hatte.

Der Wagen des Kronprinzen fuhr vor dem Schloß vor. Es war gegen zehn Uhr vormittags und Sissy eben dabei, ihren Französischlehrer vorzulassen, der an den Kenntnissen dieser schönen Sprache bei ihr einiges zu bemängeln hatte.

Sie blickte aus dem Fenster und sah den Wagen ihres Sohnes vorfahren. Der Knabe stieg aus. Er weinte und war offensichtlich heftig erregt. Rudi war wieder in seiner Obersten-Uniform. Hinter ihm erschien Graf Gondrecourt. Er war Major und daher der Rangniedrigere, dennoch redete er heftig auf das Kind ein und machte ihm offensichtlich Vorwürfe. Darauf weinte der Knabe nach Kinderart noch heftiger, wandte sich von seinem Erzieher ab, und dieser fand es nun für angezeigt, lebhaft zu beschwichtigen.

Die Szene kam Sissy merkwürdig vor. Der Lakai meldete eben den Französischprofessor; doch Sissy ließ diesen im Vorzimmer warten und eilte, einem Impuls folgend, hinunter.

„Rudi! – Graf! Was ist passiert?“ fragte sie, als sie den beiden auf der Treppe begegnete.

„Mama! Mama!“

Zitternd und schluchzend warf sich Rudi seiner Mutter entgegen und umschlang sie, bei ihr Schutz und Hilfe suchend.

„Aber Kind, was hast du? Was ist vorgefallen?" versuchte Sissy das Benehmen ihres Jungen zu ergründen.

Rudi brachte kein einziges vernünftiges Wort hervor.

Sissy nahm dem kleinen Obersten die Kappe ab und strich ihm sanft über den Scheitel. Sie wollte ihm Zeit gönnen, sich auszuweinen und Ruhe zu finden. Inzwischen wandte sie sich an Graf Gondrecourt, um von ihm zu erfahren, was vorgefallen sei.

„Nun sprechen Sie, Graf! Erklären Sie mir, was hier vorgeht! Mein Sohn ist ja völlig durcheinander!"

„Aber es ist nichts, gar nichts, Majestät! Ein Scherz nur, ein kleiner Scherz – eine Mutprobe gewissermaßen, um Seine Kaiserliche Hoheit auf die Probe zu stellen!"

„Eine Mutprobe, sagen Sie? Welcher Art? Ich höre!"

Der Erzieher begann einzusehen, daß er diesmal zu weit gegangen sei. Sein Malheur war, daß die Kaiserin ausgerechnet jetzt dazwischenkommen mußte. Denn es hatte schon andere „Mutproben" gegeben, von denen niemand erfahren hatte.

Sie waren im Lainzer Tiergarten gewesen, wo es Wildtiere gab, die hier zu Jagdzwecken gehalten wurden. Es war ein schöner, sonniger Morgen, und der Graf hatte dem Kind die strategischen Möglichkeiten des Geländes beizubringen gesucht.

Plötzlich aber sprang der Graf durch eine Tür hinter

eine Mauer, die einen Futterschuppen umschloß, und schrie, indem er, als sei er zu Tode erschrocken, die Tür hinter sich zuzog: „Ein Eber! Ein großer, wilder Eber!“

Rudi sah keinen Eber, aber wenn schon der Graf flüchtete, dann mußte wirklich ein gefährliches Wildschwein in der Nähe sein, denn solche gab es hier.

„Machen Sie doch auf! Lassen Sie mich ein!“ flehte er und rüttelte an der hölzernen Tür.

Doch der Graf rief: „Fällt mir nicht ein. Ich bleibe hier drinnen! Sie haben ein Gewehr und einen Säbel! Verteidigen Sie sich doch, wenn er Sie angreift!“

Es gab natürlich keinen Eber, aber das Kind geriet in Panik und konnte sich auch jetzt noch immer nicht beruhigen.

Schluchzend bestätigte Rudie Gondrecourts Bericht.

Nach kurzem Überlegen sagte Sissy zu dem Grafen: „Ich denke, das wird seine letzte Mutprobe gewesen sein . . .“

Dritter Teil

1
Ein Gewaltakt

Sissy brachte den kleinen Jungen in das Kronprinzenappartement, das ihm jetzt bereits zustand – es war freilich noch nicht das „große“, das er erst ab seiner Volljährigkeit würde beziehen dürfen, aber es war immerhin keine „Kindskammer“ mehr –, und übergab ihn dort seinem Kammerdiener Josef.

„Sorgen Sie dafür, daß er sich umzieht und daß er eine heiße Schokolade erhält, Josef! Das Kind muß sich beruhigen. Heute morgen entfällt für zwei Stunden der Unterricht.“

Sie strich Rudi zärtlich übers Haar und küßte ihn auf die Stirn.

„Du brauchst vor dem Grafen keine Angst mehr zu haben“, versprach sie, „er versteht vielleicht etwas von Rekruten, aber nicht von kleinen Jungen.“

Sie küßte ihn nochmals und blickte in sein schmales Gesicht. In seinen Augen sah sie einen schwachen Hoffnungsschimmer, und ein zaghaftes Lächeln umspielte seine Lippen.

Dann eilte Sissy zu ihrem Mann.

„Rudolf braucht einen anderen Erzieher, und zwar sofort", erklärte sie mit Bestimmtheit. „Unter Gondrecourts Leitung wird er zu einem Nervenbündel."

Franzl, der wieder einmal mit seinen Akten beschäftigt war, schaute verwirrt und ungehalten über die Störung von dem vielblättrigen Schriftstück auf. „Was gibt es denn schon wieder, Sissy?" fragte er.

„Nichts ist so wichtig wie die Erziehung deines Sohnes!" blieb Sissy beharrlich. „Opfere fünf Minuten deiner kostbaren Zeit und höre mich an." Und sie schilderte ihm den Vorfall in allen Einzelheiten. „Unser Rudolf", schloß sie, „ist ein feinnerviger kleiner Intellektueller und kein grobschlachtiger Bauernbub. Wir brauchen einen Erzieher, der das berücksichtigt und einen völlig anderen Weg geht, wenn wir das Ziel erreichen wollen, das uns vorschwebt – nämlich aus Rudolf einen Intelligenzler zu machen, der das Land einmal mit Vernunft, aber auch mit Herz regieren kann."

Staunend hatte Franz Joseph diese lange Rede mit angehört, die Sissy aus tiefstem Inneren kam. „Aber Sissy!" staunte er. „So kenne ich dich ja gar nicht!"

„Ich fürchte, das stimmt. Franzl, ich habe bisher so viel hinunterschlucken müssen, aus Rücksicht auf dich, deine Mutter und alle möglichen Leute. Aber nun geht es wirklich um unseren Sohn und auch um unsere Tochter Gisela. Und deshalb ist es jetzt Schluß mit den Rücksichtnahmen! Ich verlange das Recht, die Erziehung meiner Kinder selbst in die Hand nehmen zu dürfen! Es ist vorbei mit den ewigen Einflußnahmen von anderer Seite, mögen sie nun von deiner Mutter kommen oder von anderen. Ich *dulde* sie einfach nicht länger, da kannst du nun machen, was du willst!“

„Sissy“, staunte er noch mehr. „Ich bin mir ganz sicher, Gondrecourt hat es nicht schlecht gemeint!“

„Was er gemeint hat, zählt nicht, Franzl! Vielmehr kommt es auf den Effekt an. Unser Rudi ist sechs Jahre alt und bereits am Ende seiner Nerven. Und das ist Gondrecourts ‚Verdienst‘.“

„Hm. Ich werde mir den Grafen kommen lassen. Heute noch. Ich will mir erst einmal anhören, was er zu sagen hat.“

„Das ist nicht nötig! Ich lasse ihn nicht mehr zu unserem Kind.“

„Sissy, sei vernünftig! Man muß dem Mann doch Gelegenheit geben, sich zu erklären! Und jetzt laß mich bitte diesen Akt hier erledigen!“

Er ließ erkennen, daß er sich auf keine weitere Debatte einlassen würde. Sissy blieb nichts anderes übrig, als sein Arbeitszimmer zu verlassen.

Der zum Kaiser befohlene Gondrecourt beteuerte seine besten Absichten. Die hatte er wirklich gehabt, aber seine Methoden waren ungeeignet. Er war zum Erzieher des kleinen Kronprinzen über Vorschlag der Erzherzogin, seiner Großmutter, bestellt worden. Auch Sophie hatte es gut gemeint und den alten Haudegen für den richtigen Mann gehalten. Gondrecourt war ein Mann ihres Vertrauens, und darauf berief er sich auch.

Für seine Abberufung war das ein Hindernis, und Franz Joseph zögerte, wie stets, wenn es um Personen aus dem Umkreis seiner Mutter ging.

Als er mit Sissy beim Abendessen zusammentraf, merkte sie an seinem Verhalten sofort, daß er etwas auf dem Herzen hatte, und sie erriet auch sogleich, daß es sich um das Erzieherproblem handeln müsse.

„Ich habe mit Gondrecourt gesprochen, lange und ausführlich“, berichtete er. „Der Major hat vielleicht in einigen Punkten unseren Sohn zu hart angefaßt, aber es ist mir gar nicht recht, daß das Kind so zart besaitet ist. Auch der Major findet das falsch. Er möchte einfach aus Rudi einen tüchtigen Soldaten machen.“

„Daran ist in zehn Jahren zu denken. Du hast mit Gondrecourt gesprochen, und ich inzwischen nochmals mit Rudolf. Ich habe dir noch einiges von den Erziehungsmethoden des Majors mitzuteilen und kann mir nicht vorstellen, daß du dann noch immer die Meinung vertreten wirst, daß er der richtige Erzieher für Rudi ist.“

Sie erzählte, was ihr das Kind berichtet hatte, und Franz Joseph unterbrach sie nicht, sondern hörte aufmerksam zu.

„Man wird Gondrecourt sagen müssen, daß er sich in Hinkunft nicht mehr so krasser Methoden bedient“, brummte er nachdenklich.

„Man wird ihm gar nichts sagen müssen, denn er wird nicht länger Rudis Erzieher sein", blieb Sissy standhaft.

„Darüber", meinte Franzl, „müssen wir doch erst einmal mit Mama sprechen. Ich glaube nicht, daß sie deiner Meinung sein wird."

„Ihre Meinung spielt für mich keine Rolle, Franzl." Ich sehe nicht ein, was es da noch zu besprechen gibt. Gondrecourt muß gehen! – Oder willst du etwa, daß *ich* gehe?"

Franzls Augen wurden weit. So hatte er seine Frau wirklich noch nicht sprechen gehört. Mit allem hatte er gerechnet, nur nicht mit einer ehelichen Katastrophe.

Sissy verließ ihn ohne ein weiteres Wort. In ihrem Schreibsalon setzte sie sich an den Schreibtisch und ergriff Papier und Feder. Es ist ein Gewaltakt, dachte sie, aber ich muß ihn zu Ende bringen!

Und sie begann zu schreiben:

„Ich wünsche, daß mir vorbehalten bleibe, unumschränkte Vollmacht in allem, was die Kinder betrifft, die Wahl ihrer Umgebung, den Ort ihres Aufenthaltes, die komplette Leitung ihrer Erziehung, mit einem Wort, alles bleibt mir ganz allein zu bestimmen, bis zum Moment ihrer Volljährigkeit.

Ferner wünsche ich, daß, was immer meine persönlichen Angelegenheiten betrifft, wie unter anderem die Wahl meiner Umgebung, den Ort meines Aufenthaltes, alle Änderungen im Haus etc. etc., mir allein zu bestimmen vorbehalten bleibt.

Elisabeth."

Sissy steckte das Schreiben in ein Kuvert, versiegelte dieses, damit der Inhalt nicht in fremde Hände gelangen könne. Dann übergab sie es der Gräfin Esterházy-Liechtenstein. „Das geht an Seine Majestät – *persönlich!*" bestimmte sie.

„Sehr wohl, Majestät, es wird besorgt", versicherte die Gräfin. Daß die Kaiserin plötzlich mit dem Kaiser brieflich verkehrte, fand sie sonderbar. Noch sonderbarer und sogar ein wenig unheimlich erschien ihr das merkwürdige Lächeln, mit welchem die Kaiserin ihren Abgang verfolgte.

Auch Franzl war nicht wenig überrascht, als ihm ein Lakai den Brief überbrachte. Stirnrunzelnd erbrach er ihn.

Je länger er las, um so größer wurde sein Befremden. Es überlief ihn kalt. Das – war ja ein Ultimatum der Kaiserin an den Kaiser. *Sie* befahl, *sie* wünschte. Und nicht nur Dinge, die die Kindererziehung betrafen! Sissy forderte noch mehr. Die Konsequenzen waren gar nicht abzusehen, wenn er nachgab. Aber hatte er überhaupt eine andere Wahl? „Das muß Mama lesen!" rief er und sprang augenblicklich auf.

Die Erzherzogin hingegen mußte sich setzen, nachdem sie den Brief gelesen hatte.

„Was ist da zu tun, Mama?" fragte er.

„Nichts“, sagte Sophie und schüttelte den Kopf. „Laß ihr ihren Willen. Sie wird sich die Hörner abstoßen.“

2
Die Magnaten

Auf Anraten Doktor Fischers unterzog Sissy sich einer Kur in Bad Kissingen. Zur allgemeinen Überraschung fuhr auch der Kaiser dorthin. Dort fand er Gelegenheit, sich mit Sissy auszusprechen.

„Dein Wunsch ist erfüllt“, sagte er. Ich habe dir alles zugestanden, was du verlangst. Und Mama hat keine Schwierigkeiten gemacht.“

Sie spazierten über die Wege des Kurparks dahin, und die neugierigen Blicke der zahlreichen Kurgäste folgten dem Paar. Franz Joseph war in Zivil – ein seltener Anblick. Die Kaiserin trug ihren Sonnenschirm und suchte sich hinter ihm vor den neugierigen Blicken der Kurgäste zu verbergen. Aus einiger Entfernung vernahm man vom Musikpavillon her die Musik der Kurkapelle.

„Ich habe es zur Kenntnis genommen“, antwortete Sissy. „Aber deine verehrte Mama hat sich seitdem nicht mehr bei mir blicken lassen. Der Zweikampf ist noch nicht zu Ende, mein lieber Mann.“

„Du sprichst immer von einem Zweikampf", schüttelte er den Kopf. „Aber ich sehe keinen. Mama meint, daß sie nichts mehr für dich tun kann – bei deinem Eigensinn. Und sie fürchtet, das würde eines Tages für dich böse Folgen haben können."

„Da siehst du es ja! Sie führt etwas gegen mich im Schilde. Ich spüre das schon lange. Sie hat den Hof auf ihrer Seite."

„Unsinn! Die Kaiserin bist du!"

„Gewiß, aber sie will es nicht wahrhaben."

„Ich glaube, du machst dir zu viele Gedanken, mein Engel.

Du hast jetzt deinen Willen, niemand legt dir ein Hindernis in den Weg. Ich denke, es wäre an der Zeit, daß wir beide darüber wieder zueinanderfinden."

Dagegen hatte Sissy nichts einzuwenden. In dieser Hinsicht zumindest war die Kur ein Erfolg.

In Wien hingegen wurde Sissy nicht nur mit den Angelegenheiten der Kinderstube, sondern auch mit denen ihrer Pflichten als Kaiserin konfrontiert.

Die in Wien ansässigen Vertreter des ungarischen Adels bemühten sich sehr, ihre Aufmerksamkeit und Gunst zu erringen. Eines der Kindermädchen Rudis stammte aus Ungarn, und Sissy begann heimlich, mit ihrer Hilfe die ungarische Sprache zu erlernen. Zu den Ungarn, die ihr bei ihrem Besuch so viel Sympathie und Teilnahme entgegengebracht hatten, fühlte sie sich aufrichtig hingezogen und hegte den Wunsch, sich mit ihnen in ihrer Sprache zumindest unterhalten zu können.

Sissy machte erstaunliche Fortschritte. Bald überraschte sie die bei ihr vorsprechenden ungarischen Magnaten, indem sie sie auf ungarisch begrüßte, und die feurigen Herren, die von ihrer Schönheit ohnedies beeindruckt waren, brachen darob in helles Entzücken aus.

Eine Abordnung ungarischer Frauen überreichte ihr anläßlich eines Empfanges eine Nationaltracht samt Magnatenhaube. Sissy zog sie vor ihrem Ankleidespiegel an. Franzl kam hinzu und klatschte entzückt in die Hände.

„Das steht dir vortrefflich, mein Engel!“ rief er. „Das reinste Edelfräulein aus der Pußta! Fehlt nur doch die Zigeunermusik und daß du Csárdás tanzen lernst!“

Abends erschien sie in der Oper in dieser Tracht. Die Ungarn empfingen sie mit rauschendem Beifall und Hochrufen. Entsetzt hingegen war Erzherzogin Sophie. Zum erstenmal nach langer Zeit richtete sie wieder das Wort an sie.

„Was ist dir bloß eingefallen!“ sagte sie empört. „Du machst mit diesem Auftritt böses Blut! Wir sind in Wien und nicht in der Budapester Oper.“

„Ich verstehe nicht“, verteidigte sich Sissy, „was an meiner Kostümierung auszusetzen ist!“

„Eben daß es eine Kostümierung ist! Wir sind hier auf keinem Kostümfest!“

Empört verließ Sissy die Loge. Der Abend war ihr

verdorben. Der Vorfall aber fand sogar in der Presse seinen Niederschlag.

Sissy hatte nicht angenommen, daß man ihren Auftritt als politische Demonstration auffassen könnte. Franzl hingegen belehrte sie mit ernster Miene eines Besseren: „Es wäre nicht schlimm, wenn ein besonderer Anlaß vorläge. Doch es war ein Tag wie jeder andere. Lies doch in den nächsten Tagen die Kommentare in den Prager Zeitungen! Die werden gewiß nicht erfreulich sein.“

„Die Prager Blätter?“ wunderte sich Sissy. „Was hat das denn damit zu tun?“

„Die tschechischen Nationalisten werden sich brüskiert fühlen, wenn du deine Sympathie für die Ungarn so offen bekundest. Du bist nämlich auch Böhmens Königin! Was die Ungarn anbetrifft, so wünschen sie eine Sonderstellung innerhalb der Monarchie und stützen sich dabei auf ihre Verfassung, die es ihnen erlaubt, einen eigenen König zu wählen. Dein Auftritt in der Oper wird ihnen Auftrieb geben.

„Ich verstehe“, nickte Sissy. „Jetzt müßte ich also bei meinem nächsten Opernbesuch in tschechischer Tracht erscheinen.“

„Du mußt gar nichts – es wäre bloß angezeigt, wenn du dich gelegentlich wieder mit meiner Mutter beraten würdest.“

Da war es wieder! Die Allgegenwart der „heimlichen Kaiserin“ schien sich sogar auf Bekleidungsfragen zu erstrecken! Sissy warf stolz und gekränkt den Kopf in den

Nacken. Franzl sah sie an und begriff, was in ihr vorging.

Fort, nur fort! drängte es in ihrem Inneren. Ihr Vater, Herzog Max in Bayern, führte ein ungebundenes Wanderleben und war oft über Jahre von daheim fort. Er verließ das Haus, so als ob er einen Spaziergang ins nächste Dorf unternehmen wolle. Ein paar Wochen später kam dann eine Karte aus irgendeiner Küstenstadt in Afrika. Anfangs hatte sich Mutter Ludewika die größten Sorgen um ihn gemacht, mit der Zeit aber hatte sie sich daran gewöhnt, und die Kinder ebenso.

In Sissy schien dieses unruhige Wanderblut fortzuleben. Es erwachte, wurde angeheizt durch die Mißgunst, der man ihr hier am Hof begegnete. Es war nur zu natürlich, daß der Gedanke an Tapetenwechsel in ihr immer stärker wurde.

Und hatte sie nicht die Erlaubnis erwirkt, sich ihren jeweiligen Aufenthalt selbst wählen zu dürfen? Sie brauchte niemanden mehr um Erlaubnis zu fragen, konnte tun und lassen, was sie wollte!

Und da schien sich ein Anlaß anzubieten, nach dem Süden zu reisen.

Franzls jüngerer Bruder, Maximilian, lebte nach dem Verlust der Lombardei und seiner Funktion als Gouverneur des lombardo-venezianischen Königreiches untätig und verbittert mit seiner jungen und ehrgeizigen Gemahlin Charlotte von Belgien nahe Triest in dem von ihm erbauten weißen Schloß Miramar. Es war sein Traumschloß. Er hatte die Terrasse direkt ins Meer hinein gebaut, und das Schloß verfügte über eine eigene Anlegestelle, eine Art Privathafen.

Maximilian hatte sich als Governeur bei der Bevölkerung beliebt gemacht. Das war der Grund, weshalb die Irredentisten ihn gehaßt und als gefährliches Hindernis für ihre Pläne betrachtet hatten.

Seit einiger Zeit taten sich in Miramar seltsame Dinge. Maximilians Gattin Charlotte, die hübsche und ehrgeizige Tochter des Königs der Belgier, konnte es nicht verwinden, daß ihr Gemahl nur Gouverneur einer Provinz war. Sie wünschte sich eine Krone für sich und ihn. Und dieser Wunsch nahm nun greifbare Formen an.

Eines Tages sprachen mexikanische Emigranten vor, die nicht mehr und nicht weniger vorhatten, als Maximilian, dem Bruder des österreichischen Kaisers, eine Kaiserkrone anzutragen – nämlich die von Mexiko.

Maximilian und Charlotte waren Feuer und Flamme. Ein Traum schien in Erfüllung zu gehen. Doch in Wien hegte man ernste Bedenken. Und wie begründet diese waren, erfuhr Sissy aus Gesprächen mit ihrem Mann.

Ich muß nach Miramar und meinen Schwager warnen! sagte sie sich.

3
Miramar

Die Kaiserin traf unerwartet im Schloß an der Adria ein. Schon im Vestibül bemerkte sie die Mäntel und schwarzen Hüte der Herren, die offenbar oben bei Maximilian waren.

„Es ist eine Delegation hoher mexikanischer Herren bei Seiner Kaiserlichen Hoheit", berichtete der Diener Beppo. „Ich werde Majestät jedoch sofort anmelden!"

„Oh, ich werde inzwischen auf der Terrasse warten. Der Blick aufs Meer ist ja so wunderschön – ich liebe ihn. Ist Ihre Kaiserliche Hoheit etwa auch beschäftigt? Wenn nicht, dann könnte sie mir einstweilen Gesellschaft leisten."

„Ihre Kaiserliche Hoheit befinden sich gleichfalls beim Empfang der Delegation", bedauerte Beppo.

Diese Männer waren nicht zum erstenmal hier, das war Sissy bekannt. Sie beschwatzten den Bruder des Kaisers und dessen ehrgeizige Gemahlin schon seit längerem.

In Sissys Begleitung waren die Gräfin Bellegarde und Helene Fürstin Taxis. Die drei Frauen saßen auf der schattigen Terrasse, blickten aufs Meer hinaus und ließen sich bewirten.

„Ich hätte darauf bestanden, sofort empfangen zu werden", sagte die Fürstin.

„Es hätte nichts gebracht, meine Liebe", erwiderte die Kaiserin. „Und außerdem wäre es unhöflich gewesen."

Die Delegation blieb noch fast eine halbe Stunde beim Erzherzog. Allmählich wurde die Fürstin ungeduldig, während Sissy weiterhin unverwandt aufs Meer schaute.

Beppo, der einige Male vorbeikam, versicherte, daß er gemäß dem Befehl der Kaiserin nicht Bescheid gesagt habe. Schließlich zogen die Herren mit wichtigen Mienen ab, und Maximilian und Charlotte erfuhren von der Anwesenheit ihrer Schwägerin. Konsterniert eilten sie auf die Terrasse, um Sissy und ihre beiden Damen zu begrüßen.

„Ich befinde mich zufällig in Triest, wo mein ‚Greif' vor Anker liegt", berichtete Sissy. „Die Jacht wird gerade überholt. Ich dachte, ich nütze die Gelegenheit, um euch ganz formlos einen Besuch abzustatten, unter Verwandten, ohne jedes Protokoll – das ich übrigens hasse."

„Charlotte ist da anderer Meinung", sagte Maximilian schmunzelnd. „Sie ist gerade dabei, ein Zeremoniell auszutüfteln. – Was sagt man übrigens in Wien dazu?" forschte er. „Mein Bruder teilte mir mit, er würde mir nichts in den Weg legen. Den Renunziationseid werde ich halt ablegen müssen. Aber der Verzicht auf alle Ansprüche an habsburgischem Besitz, an Titel und Würden fällt mir nicht schwer, wenn ich dagegen ein ganzes riesiges Kaiserreich eintauschen kann!“

„Deine Mutter ist sehr in Sorge um euch beide, Max“, berichtete Sissy. „Und ich bin es auch, wie ich ehrlich gestehe. Mexiko ist eine Republik und hat einen gewählten Präsidenten, Benito Juarez. Die Vereinigten Staaten werden ihn unterstützen. Sie möchten keine gemeinsame Grenze mit einer Monarchie. Man hat Lincoln die Krone angetragen, er hat abgelehnt. Diese Leute schwören auf ihre Republik.“

Maximilian hörte ihr zu, schüttelte dann aber den Kopf. „Sie schwören auf ihre Republik. Gut, niemand wird sie antasten. Aber sie hassen auch alle Indianer. Und Juarez ist ein Halbblut. Ich kann mir nicht denken, daß sie eine Rothaut fördern werden.“

„In Anbetracht ihrer grundsätzlichen politischen Einstellung zählt wohl nicht, daß Juarez Halbindianer ist. Sie würden auch einem Chinesen helfen, der Präsident ist und Hilfe gegen einen Kaiser braucht.“

„Und ich habe die Armee Napoleons III. hinter mir! Dieser Mann liebt mich. Als ich in Paris war, hättest du den Empfang sehen sollen, der mir und Charlotte bereitet wurde!“

„Napoleon III. ist ein schlauer Fuchs. Er ist so gut wie bankrott und muß um jeden Preis das Geld zurückhaben, das er über einen Schweizer Bankkredit in Mexiko investiert hat. Du sollst ihm und der Schweiz wieder zu diesen Summen verhelfen – samt Zinsen natürlich.“

„Du bist Kaiserin, nicht wahr?" mischte sich da Charlotte lispelnd ins Gespräch. „Und dein Mann ist Kaiser. Ich hingegen bin eine Königstochter, und mein Mann hat die gleichen Gaben und das gleiche Recht wie der deine auf einen Thron!"

„Ach, Charlotte, niemand würde ihn euch neiden!"

„Mexiko hat eine uralte Kultur und Tradition als Monarchie", sagte Maximilian leuchtenden Auges. „Es muß dort ungeheure Schätze geben. Ich werde sie suchen und finden, die Tempel und Städte der Azteken! Ich werde die Urwälder roden und die Indios aus ihrem Sklavendasein befreien. Ich mache aus diesem Land ein neues Paradies!

„Ja, das wird er!" versicherte Charlotte. „Und ich werde ihm dabei helfen!"

„Und ihr habt gar keine Angst?" wollte Sissy wissen. „Angst vor den Truppen des Präsidenten –"

„Ich werde die Rebellen aus dem Lande jagen!"

„Und daß dich die Franzosen im Stich lassen könnten, das fürchtest du gleichfalls nicht?"

„Weshalb sollten sie mich denn im Stich lassen, Elisabeth? Du sagtest doch selbst, sie hoffen, daß ich ihnen die mexikanischen Schulden zurückzahle."

„Und dann, wenn sie das Geld haben?"

„Von heute auf morgen ist das bei den Summen, die mir bekannt sind, nicht möglich. Inzwischen aber habe ich mich etabliert und eine eigene Armee aufgestellt, auf die ich mich werde verlassen können."

Sissy seufzte. „Ihr rennt ins offene Unglück."

Sie erntete einen feindseligen Blick Charlottes.

„Nun denn, lieber Schwager“, sagte Sissy und erhob sich, „ich wünsche dir viel Glück in deinem neuen Reich. Meine Gedanken werden dich begleiten, übers Meer in dein fernes Land. Versprecht mir nur eines: Kommt zurück, sobald ihr den Eindruck habt, daß es gefährlich wird.“

„Ein Herrscher verläßt sein Land nicht in der Stunde der Gefahr!“ versetzte Charlotte abweisend.

Der Abschied war eher frostig.

„Sie wollen nicht auf mich hören“, sagte Sissy auf der Rückfahrt nach Triest. „Dabei habe ich das Gefühl, sie rennen in ihr Verderben!“

„Das ist der Ehrgeiz Charlottes“, erwiderte die Fürstin. „Sie ist die Triebkraft des Unternehmens! Der Kaiser könnte ja ein Machtwort sprechen, aber er tut es nicht, er verhält sich völlig neutral.“

Maximilian und Charlotte verließen Miramar am 14. April 1864 und stachen nach Mexiko in See. Sie waren voller Hoffnung und großer Pläne.

Sissys Befürchtungen sollten sich bewahrheiten. Maximilians mexikanisches Abenteuer dauerte nicht lange; nur drei Jahre später fand es in der Festung Queretaro mit der Erschießung Maximilians sein blutiges Ende.

Charlotte, die allein nach Europa zurückgekehrt war, siechte in ihrer belgischen Heimat umnachtet dahin. Ihr Geist besaß nicht die Widerstandskraft, die Katastrophe zu verkraften.

4
Marie-Valerie

„Aber es ist wahr, du kannst es mir glauben, Marie-Valerie, ich war hellwach, und es war ganz gewiß kein Traum! Ich sah ihn so deutlich vor mir, wie ich dich jetzt vor mir sehe!“

Sie standen beide am Gasteiner Wasserfall, dessen Rauschen Sissys Worte fast übertönte. Sie mußte sich anstrengen, um sich ihrer Tochter Marie-Valerie verständlich zu machen.

Die junge Erzherzogin hatte wieder einmal ihre Mutter auf einer Reise begleitet. Diesmal nicht weit, nur bis Gastein, aber sie waren schon zusammen auf der Insel Wight gewesen, zur See gefahren und hatten an der Riviera und anderswo gemeinsame Tage verbracht.

„Mama, ich kann es nicht glauben“, sagte Marie-Valerie kopfschüttelnd.

„Mein Kind, es gibt solche Erscheinungen.“

„Und hast du denn nicht geschrien?“ fragte Marie-Valerie.

„Geschrien? Wozu?“ fragte Sissy verwundert. „Ich fürchtete mich ja nicht. Und außerdem hätte ich ja mit einem Schrei das halbe Hotel aufgeweckt. Und kein Mensch hätte mir geglaubt. Man hätte mich verrückt erklärt! – Es glaubst ja nicht einmal du mir!“

Sie schien gekränkt. Marie-Valerie wußte, wie sensibel ihre Mutter reagieren konnte, und versuchte einzulenken.

„Erzähle weiter, Mama“, forderte sie Sissy auf.

Die Rede war von Heinrich Heine, dem Lieblingsdichter Sissys, dem sie sich in ihren Werken verwandt fühlte. Sie behauptete, daß der tote Dichter ihr, während sie im Bett liegend einen Einfall zu Papier zu bringen suchte, leibhaftig erschienen wäre. Eine Totalmaterialisation.

„Er sah mich lächelnd an, und dabei hatte ich das Gefühl, als wolle seine Seele die meine erfassen. Aber ich blieb standhaft. Ich habe es abgewehrt. Wir haben beide gelächelt bei diesem Kampf.“

„Gelächelt?“ wunderte sich Marie-Valerie.

„Ja, so ist es. Wir haben gelächelt. Und mit meinem Lächeln war ich die stärkere. Er lächelte noch, während er sich in Od auflöste. Er wurde zu einer Art Nebel und verschwand. Aber er blieb noch eine Weile im Raum, ich weiß es, denn er versuchte, meine Gedanken in seine Bahnen zu lenken. Er wollte durch mich dichten, ich sollte nichts tun, als die Feder führen, die seine Gedanken zu Papier bringen sollte. Aber ich tat ihm den Willen nicht, ich schrieb nicht weiter, legte Papier und Feder auf mein Nachtkästchen. Das Licht zu löschen, dazu war ich eine ganze Weile nicht imstande.“

„Das glaube ich dir", entschlüpfte es der Erzherzogin.

„Das ist wohl das einzige, was du glaubst?" lächelte Sissy milde und strich ihr übers Haar.

„Ach, Mama, das kommt doch alles bloß daher, weil du dich mit Spiritismus beschäftigst", fand Marie-Valerie.

„Das Wissen darum, daß wir weiterleben, während unsere Körper absterben, hat doch etwas Tröstliches", fand Sissy. „Ich kann mit unserem Burgpfarrer Monsignore Mayer nicht darüber diskutieren, ich weiß, er würde mich schelten und der Sünde zeihen. Wahrscheinlich hätte ich zur Beichte gehen sollen."

Tief in Gedanken versunken schritt sie neben ihrer Tochter dem Hotel zu, in dem sie eine Suite bewohnten. Spaziergänger, die ihnen begegneten, grüßten ehrfurchtsvoll. Marie-Valerie unternahm es, anstelle ihrer Mutter zu danken, denn Sissy wirkte völlig abwesend und unansprechbar.

Mitunter wurde Sissys Jüngster um ihre Mutter bang. Vor wenigen Tagen hatte es tatsächlich während eines Spazierganges den Anschein gehabt, als wolle sie sich in die Ache stürzen. Sie hatten fast gerungen miteinander, und erst das Auftauchen von Spaziergängern hatte dazu geführt, daß Sissy den ebenso spontan begonnenen Versuch wieder unterließ und weiterschritt, als sei nichts vorgefallen.

Und diese Schilderung eines gespenstischen Vorfalls. Die Chronik der Wittelsbacher wußte von Fällen geistiger Umnachtung zu berichten, und Sissy war eine Wittelsbacherin. Ihr Neffe, König Ludwig II. von Bayern, hatte auch mitunter recht merkwürdige Anwandlungen. Franz Joseph, Marie-Valeries Vater, hatte ihn anläßlich eines längeren Besuches nicht aus den Augen gelassen und war schließlich zu dem Schluß gelangt, daß „etwas nicht mit dem König stimme". Und Ludwigs Bruder Otto war regelrecht dem Wahnsinn anheimgefallen.

Aber Sissy dachte an viel realere Dinge. „Bis jetzt", sagte sie unvermittelt, „bleibe ich, wie mir Frau Feifalik versichert, von Haarausfall verschont. Aber die Pracht ist schwer, die Pflege mühsam. Aber was soll's? Das Volk will eine schöne Kaiserin, und so faste ich eben und unterziehe mich allmorgendlich der leidigen Prozedur. Und doch ist das alles so vergänglich. Eines Tages werde ich unweigerlich alt und häßlich sein. Ich wünschte, Jehova würde mich vorher abberufen."

„Ach, Mama, du hast heute wieder deinen sentimentalen Tag", sagte Marie-Valerie ärgerlich. „Du denkst an Tote und ans Sterben. Bis dahin ist es bei dir noch weit!"

Irgendwie war Marie-Valerie aber erleichtert, daß Mamas Trübsinn offenbar bloß daher kam, daß sie den Verlust ihres jugendlichen Aussehens fürchtete. Nun, es galt also, irgendwie Sissys trübe Gedanken zu verscheuchen. Es fiel Marie-Valerie nichts anderes ein, als zu sagen: „Es sieht wieder nach Regen aus, Mama."

„Ja, das tut es."

Dieses Thema war also auch nicht gerade dazu angetan, die Laune zu heben.

Aber mit einem Schlag waren zumindest die trüben Gedanken der Erzherzogin wie weggeblasen. Denn der schneidige Offizier, der da eben in Begleitung zweier Kameraden über die Promenade dahergeschritten kam, war schuld daran, daß ihr Herzschlag sekundenlang aussetzte.

Sissy merkte, daß Marie-Valerie stehenblieb, blickte auf, und dann erkannte auch sie ihn.

„Franz Salvator!“ rief sie überrascht. „Du hier in Badgastein?“

Die drei Herren schlugen die Haken zusammen.

„Zu Befehl, Majestät“, antwortete der Erzherzog, und seine Blicke wanderten von der Kaiserin zu deren hübscher Tochter und dann wieder zurück.

Er stellte die beiden Offiziere vor, die sich jedoch gleich darauf mit Sissys Erlaubnis verabschiedeten. Der Erzherzog aber blieb, und nun wurde es familiärer. Er küßte Sissy und dann auch Marie-Valerie die Hand, und die Hand Valeries hielt er besonders lange. Die Tochter der Kaiserin errötete bis unter die Haarwurzeln.

Die Kaiserin war gerührt und sichtlich den Tränen nahe. Der Erzherzog stand, ein wenig betroffen, da und wußte nichts zu sagen.

Aber Sissy faßte sich. „Ihr müßt mich entschuldigen, alle beide“, bat sie. „Ich weiß nicht, was heute mit mir ist. Ich bin schon den ganzen Tag in einer melancholischen Stimmung. Nichts, aber auch nichts vermag mich aufzuheitern, nicht einmal ihr beide. Ach, ich bin ein schrecklicher Egoist. Verzeiht mir!“

Es war im letzten Winter beim Hofball in der Burg gewesen, als die beiden einander im seligen Dreivierteltakt – vom Hofkapellmeister Johann Strauß persönlich dirigiert – gefunden hatten.

Ach, es war ein seliger Abend gewesen. Franzl, der protokollgemäß eine Zeitlang im Ballsaal zu verweilen verpflichtet war, hatte nichts bemerkt. Aber Sissy hatte mit scharfem Frauenblick erkannt, daß sich hier etwas anzubahnen begann, und es gab ihr einen Stich ins Herz. Es kam unerwartet. Sie hatte eine schlaflose Nacht verbracht und dann erfahren, daß er ihr Blumen geschickt hatte. Das nahm ihr auch die letzten Zweifel: Die beiden waren verliebt!

Daran mußte sich Sissy erst noch gewöhnen. Es war schlimm für sie, auch noch dieses Kind hergeben zu müssen – dasjenige, das sie am meisten von allen liebte, weil es ja auch das erste gewesen war, das sie von allem Anfang an dem Einfluß ihrer Schwiegermutter entzogen hatte.

5
Die Einsamkeit der alten Dame

In der Nacht nach dem Spaziergang mit Marie-Valerie fand Sissy keinen Schlaf.

Einsam werde ich sein, eine einsame alte Frau, die niemand in ihrer Not versteht. So wie meine arme Tante Sophie. Wie habe ich ihr doch unrecht getan durch mein Unverständnis!

Unwillkürlich wanderten ihre Gedanken eineinhalb Jahrzehnt zurück bis zu jenem Jahr, in welchem jener Zwiespalt ein Ende fand. Es war im Frühling des Jahres 1872. Marie-Valerie war damals vier, Rudi vierzehn. Es herrschte schon im Mai frühsommerliches Wetter, die Kastanien in der Hauptallee des Praters reckten ihre duftenden Kerzen zum Himmel, und die Sträucher waren übersät mit Blüten.

Alle Welt ging blank. Offensichtlich würde es einen noch heißeren Sommer geben, und die „Eismänner" blieben heuer höchstwahrscheinlich aus.

Sissy bekam wieder einmal das Reisefieber. Gemeinsam mit ihren Hofdamen Marie Festetics und Irma Sztaray sowie Sekretär Linger brach sie auf nach Meran.

Für gewöhnlich suchte sie Meran im Herbst auf, um dort eine Traubenkur zu machen. Sie wohnte stets im gleichen Hotel, im „Europe“, und hatte stets dieselben Zimmer. Die Direktion war überrascht, weil man so zeitig im Jahr nicht mit dem Besuch der Kaiserin gerechnet hatte.

Man war eben beim Auspacken der Koffer, als Sekretär Linger mit einem Telegramm erschien, das soeben eingegangen war. „Ihre Kaiserliche Hoheit ist offenbar ernstlich erkrankt!“ sagte er.

„Erkrankt? Die Erzherzogin? Sie war doch, als ich sie zuletzt sah, kerngesund!“

„Majestät, es kam tatsächlich überraschend. Ein Unglück, gewissermaßen . . . die Folge eines fatalen Mißgeschicks!“

„Jetzt reden Sie nicht immer um den heißen Brei herum, sondern berichten Sie mir wahrheitsgemäß“, forderte Sissy.

Der Gefragte befand sich sichtlich in Verlegenheit, wie er am besten beginnen sollte. „Soweit ich in Erfahrung bringen konnte, besuchte Ihre Kaiserliche Hoheit eine Vorstellung im Burgtheater.“

„Und was weiter?“ forschte Sissy drängend.

„Ihre Kaiserliche Hoheit haben sich glänzend amüsiert; wie mir versichert wurde. Aber es war im Theater sehr warm und stickig, draußen war ein schöner Frühsommerabend. Ihre Majestät beschloß, nach der Vorstellung zu Hause noch ein Stündchen auf dem Balkon zu verbringen . . .“

„Und?“

„Sie ist leider eingeschlafen. Als sie in ihrem Korbstuhl aufwachte, war es im Morgengrauen, und es war feucht und kalt!“

„Dann hat sie sich also eine Erkältung geholt?“

„Wenn es nur eine Erkältung wäre! Aber offensichtlich hat diese Nacht auf dem Balkon schlimme Folgen. Die Lungen Ihrer Kaiserlichen Hoheit wurde affektiert . . .“

„Oh“, Sissy erkannte die Gefahr. „Veranlassen Sie bitte, daß ich sofort nach Wien reisen kann!“

„Wie Majestät befehlen“, nickte Sekretär Linger. „Ich werde sofort den Hofzug bereitstellen lassen.“

„Wer hätte gedacht, daß Ihre Majestät so prompt reagiert?“ war die Reaktion der Festetics, die sich bereits auf einen längeren Aufenthalt im „Europe“ eingerichtet hatte. „Für Außenstehende mag es wohl selbstverständlich erscheinen. Aber so, wie die Beziehungen zwischen der Kaiserin und ihrer Schwiegermutter bisher verlaufen sind . . .“

„Seltsamerweise scheine ich hier besser als Sie informiert zu sein, Gräfin“, bemerkte der Sekretär. „Ihre Majestät haben innerhalb des letzten halben Jahres zahlreiche kleine Aufmerksamkeiten für die Erzherzogin eingekauft.“

„Ich dachte, es wären Geschenke für die kleine Marie-Valerie.“

„Nur zum Teil“, stellte Linger richtig. „Das läßt doch

wohl darauf schließen, daß es zu einer echten Annäherung gekommen ist – zumindest von seiten Ihrer Majestät."

„Nun", sagte die Gräfin nach kurzem Nachdenken, „eigentlich finde ich es gar nicht so überraschend. Die Erzherzogin war nach dem schrecklichen Tod ihres Sohnes Maximilian nervlich völlig am Ende. Und zu den Kindern der Kaiserin hatte sie auch nur noch wenig Beziehung. Die alte Dame war in ihrem Schmerz allein, nachdem sich ja auch der Kaiser um sie immer weniger kümmern konnte."

Das Gespräch hätte noch länger gedauert, wäre nicht Sissy erschienen.

Ungeduldig erkundigte sie sich: „Nun, wie steht es, Linger? Wann fahren wir?"

„Es war nicht ganz einfach, den Zug mit den Fahrplänen der Südbahn abzustimmen", erklärte Linger. „Die Bahnverwaltung hat jedoch eine Möglichkeit gefunden, so daß es zu keinen Aufenthalten kommen wird. Wir fahren um halb drei Uhr nachmittags."

Tatsächlich stand der Zug zu angegebenen Zeit bereits unter Dampf, und Sissy und ihre Begleiter konnten einsteigen. Wie Linger versprochen hatte, gab es nur einen kurzen Aufenthalt in Innsbruck, der vom Personal des Küchenwagens zu Einkäufen benutzt wurde. Dann aber rollte der Hofzug unaufhaltsam in Richtung Wien.

Man hatte die Kranke nach Schönbrunn gebracht. Ein Konzilium von Ärzten beriet die nötigen Schritte. Zeitweilig trat auch tatsächlich in Sophies Befinden eine Besserung ein, so daß man wieder Hoffnung schöpfte. Dann aber verschlechterte sich der Zustand der Kranken zusehends. Das Fieber wurde bedrohlich, und Sophie war zeitweilig ohne Bewußtsein.

Der Kaiser hatte seinen Leibarzt geschickt. Nun, da die Gefahr akut geworden war, ließ er manche seiner Geschäfte beiseite, verschob Termine und brachte jede freie Minute bei seiner Mutter zu.

Auch Burgpfarrer Meyer erschien. Allmählich kamen auch noch andere Mitglieder des Kaiserhauses. Sie gingen allesamt mit betretenen Mienen.

Und dann traf Sissy mit ihrer Suite in Wien ein. Noch im Reisekostüm eilte sie zu Erzherzogin Sophie. „Wie geht es ihr?“ fragte sie Franzl, der gerade am Krankenbett stand.

„Ich fürchte das Schlimmste“, sagte Franz Joseph bedrückt.

Sissy kniete ohne ein weiteres Wort neben dem Bett nieder, beugte sich über die Fiebernde und wandte sich dann empört an die beiden Krankenschwestern.

„Haben Sie kein Schweißtuch? – Sie ist ja ganz naß!“

Schon bückte sich eine der beiden Nonnen, um das Versäumte nachzuholen. Sissy nahm ihr den Lappen aus der Hand und machte sich selbst daran, der Erzherzogin die fiebernasse Stirn zu trocknen.

Durch die Berührung erwachte Sophie. Sie brauchte

eine Weile, um ihre Umgebung zu erkennen. Dann aber glitt ein schwaches Lächeln über ihre Mundwinkel.

„Sissy!“ hauchte sie.

„Ja, Mama“, antwortete die Kaiserin. „Ich bin es. Und ich werde jetzt bei dir bleiben.“

Sie ging nur, um sich umzukleiden. Dann verwies sie alle des Krankenzimmers, bis auf die beiden Schwestern und die Ärzte. „Ich übernehme die Pflege“, erklärte sie.

Gemeinsam mit den Ärzten und den beiden Nonnen, die, angefeuert durch das Beispiel der Kaiserin, dieser hilfreich zur Hand gingen, kämpften sie alle gegen das Unvermeidliche.

Sophie hatte zeitweilig lichte Momente, und dann sprachen die beiden Frauen flüsternd miteinander. Oft verließen dann die anderen den Raum. Sie hatten das Gefühl, das erfordere die Diskretion.

„Ach, Mama!“ klagte sich Sissy selbst bei solchen Gelegenheiten an. „Wie war ich doch dumm und unerfahren und habe dir so oft weh getan. Jetzt schmerzt es mich selbst. Denn jetzt erst verstehe ich dich!“

„Nun“, tröstete Sophie, „da du es jetzt einsiehst, ist ja alles gewonnen. Nun bist du bald ganz frei, und ich werde dich nicht mehr ärgern können. Aber du mußt mir eines versprechen: Achte auf meinen Sohn und eure Kinder! Dann kann ich beruhigt hinübergehen und vor meinen Herrgott treten. Ich habe das Beste gewollt für die Monarchie und euch alle. Und ich habe gehandelt nach meinen Kräften. Habe ich Fehler begangen, so möge Gott sie mir verzeihen."

„Mama, nimm dich zusammen und werde wieder gesund!"

„O nein, mein Kind. Ich möchte eigentlich auch gar nicht mehr. Vielleicht bin ich schon tot, seit man mir meinen Max in Mexiko erschossen hat."

Darüber war sie tatsächlich nie hinweggekommen. Als der Sarg mit den sterblichen Überresten Maximilians von Mexiko in Wien eintraf, brach seine Mutter zusammen. Man fürchtete fast, es würde ihr ergehen wie Max' Gattin, Kaiserin Charlotte, die über den Ereignissen den Verstand verloren hatte und in geistiger Umnachtung zu ihren Eltern nach Belgien gebracht worden war. Doch Sophie war eine zu starke Natur. Sie fand wieder zu sich selbst und war dennoch von da an eine andere. Man sah sie fast nur noch in der Kirche. Dann aber setzte ein plötzlicher Umschwung ein. Die Erzherzogin schien ihre Grillen gewaltsam vertreiben zu wollen und suchte wie in alten Tagen Vergnügen und Zerstreuung. Ihr Mann, Erzherzog Franz Karl, suchte sie darin nach Kräften zu unterstützen. Nun stand er gemeinsam mit seinem Sohn Franz Joseph und seiner Schwiegertochter Elisabeth am Sterbelager. Und auch viele andere kamen hinzu und füllten den Raum, bis zur Mittagsstunde der Lakai erschien und verkündete: „Es ist angerichtet!"

Da verließen alle bis auf Sissy und ihren Schwiegervater den Raum. Die Ärzte hatten ganz offensichtlich den Kampf aufgegeben und waren nur noch bemüht, der Erzherzogin das Sterben zu erleichtern.

Am 27. Mai in den Vormittagsstunden erschien Burgpfarrer Mayer, um seinem Beichtkind die Sterbesakramente zu spenden. Doch erst um ein Viertel nach drei Uhr nachmittags schloß die Erzherzogin nach schwerem Todeskampf die Augen für immer.

6
Höfische Geheimnisse

Das Verhältnis zwischen Kronprinzessin Stephanie, Rudis Frau, und Sissy war nicht das allerbeste. Rudi, der nun schon seinem dreißigsten Lebensjahr zusteuerte, hatte die belgische Königstochter geheiratet, um damit seiner Verpflichtung als Kronprinz, eine Ehe einzugehen und Kinder für die Nachkommenschaft auf den Thron zu zeugen, zu genügen.

Die Verbindung der beiden Kinder einer Krone war nicht zuletzt über Vorschlag Sissys zustande gekommen, die in Brüssel „vorbeigeschaut“ hatte, um sich nach einer möglichen Braut für ihren Sohn umzusehen. Stephanie war für eine Eheschließung noch zu jung, man mußte ein Jahr zuwarten. Dann aber ließ sich die junge Ehe ganz gut an. Rudi und Stephanie verbrachten eine glückliche Zeit in Prag, und die Frucht davon war die kleine Erzsy, wie man das Kind mit seinem ungarischen Kosenamen nannte. Eigentlich hieß sie Elisabeth; Sissy war natürlich Patin der Kleinen bei der Taufe gewesen.

Doch nachdem das Paar nach Wien übersiedelt war, hatte es ständig Spannungen zwischen Rudi und seinem Vater gegeben, und Rudolf hatte begonnen, ein Leben zu führen, das man nicht gutheißen konnte.

Sissy gab Stephanie die Schuld daran. „Du mußt ihn besser an die Kandare nehmen“, verlangte sie von ihrer Schwiegertochter. „Wenn er in seinen eigenen vier Wänden nicht findet, was er braucht, sucht er es sich eben anderswo!“

Die strenge Erziehung, die Rudi anfänglich erhalten hatte, fand freilich, seit Sissy sich für ihren Sohn verwendete, eine empfindliche Mäßigung. Das Lernpensum des Prinzen war dennoch enorm, und es verwunderte niemand, daß er, als er endlich volljährig war und damit seine Freiheit erlangt hatte, begann, diese Freiheit in vollen Zügen zu genießen.

Deshalb hatte man ihn früh verheiratet. Ein eigener Hausstand, verbunden mit Kindersegen, sollte ihn auf andere Gedanken bringen.

„Du wirst sehen, ist der Bub erst einmal verheiratet, wird alles anders! Er ist jung und tobt sich aus. Soll er. Andere junge Männer in seinem Alter machen es genauso. Er genießt seine Jugend und Ungebundenheit, soweit ihm das Militär dazu Zeit läßt. Aber der Ehestand wird das alles verändern, unser Rudi wird vernünftig werden“, meinte Franzl, sein Vater, zuversichtlich.

Er sollte sich täuschen.

„Der Bub ist ein Hallodri! Man muß mit Steffi ein ernstes Wörtl reden!“ konstatierte er eines Tages.

Steffi schien aber nicht das rechte Zeug dazu zu haben. Ihre Mutter war eine österreichische Erzherzogin, die in Budapest zur Welt gekommen war und König Leopold II. von Belgien heiratete, Königin Marie-Henriette ließ ihren Töchtern eine spartanische Erziehung angedeihen. Ihr Vater, Erzherzog Joseph, Palatin von Ungarn, hatte dieser Verbindung aus dynastischen Gründen zugestimmt. Aber die Ehe Henriettes mit Leopold verlief nicht gerade glücklich, und Königin Henriette sehnte sich zeitlebens nach Österreich und Ungarn zurück. Sie schilderte ihrer heranwachsenden Tochter Stephanie, welche Freuden sie dort in ihrer Kindheit genossen hatte, und so willigte Steffi widerstandslos in eine Verbindung mit dem österreichischen Kronprinzen ein, hauptsächlich wohl deshalb, weil sie ihrem unerfreulichen Elternhaus und dessen strengen Regeln entkommen wollte.

Sie kam vom Regen in die Traufe. Zu jung, aus falsch verstandenen Moralbegriffen absolut unaufgeklärt, war die Hochzeitsnacht für sie eine entwürdigende Katastrophe, während Frauenliebling Rudi seinerseits eine arge Enttäuschung erlebte. Die anerzogene Prüderie seiner

Frau wurde ihm eines Tages zuwider, und er suchte sich anderswo seine Freuden – gemeinsam mit seinem Intimus, dem Erzherzog Johann von Toskana.

„Eine liederliche Gesellschaft!“ fand Steffi, die von den beiden einige Male zu Abendvergnügungen mitgenommen worden war.

Es war ein vergeblicher Versuch gewesen, die belgische Königstochter zum Lebensstil ihres Gatten zu bekehren. Weinend kam sie zu Sissy und schüttete ihr ihr Herz aus.

„Es war abscheulich“, berichtete sie. „Diese Lokalitäten, diese Menschen, alles schreckliche Subjekte, Mama, vor allem die Weiber! Dazu der Rauch, der Dunst von Alkohol und die primitiven Speisen . . . Ich glaubte, mich übergeben zu müssen. Rudi wird mich nicht mehr dazu zwingen mitzukommen! Das ist nicht meine Welt, und sie wird es niemals sein!“

Sissy wandte ein, daß es Steffis Pflicht wäre, an der Seite ihres Mannes und Vaters ihrer Tochter auszuharren, und daß es außerdem höchst unklug wäre, Rudi dieser lockeren Gesellschaft einfach zu überlassen. „Du mußt ihm im Gegenteil beweisen, daß er es zu Hause schöner hat, und ihm daheim alle Annehmlichkeiten bieten“, belehrte sie Stephanie.

Aber Stephanie fühlte sich dazu nicht imstande.

So herrschte, wie gesagt, nicht das beste Einvernehmen zwischen ihr und der Kaiserin. Soweit es ging, blieb das eines jener pikanten höfischen Geheimnisse –

so hoffte Sissy wenigstens. Nun, es gab etliche davon. Und eines betraf ihren eigenen Gatten, ihren Franzl, der offenbar fremdging. Die bewußte Adresse lag gewissermaßen in Schönbrunn vor der eigenen Haustür, nämlich in der Maxingstraße Nummer 46.

Dort wohnte Anna, die bildschöne Frau des Angestellten der Südbahngesellschaft, Franz Nahovsky, in einer Villa, die sich dieser Mann nie hätte leisten können. Er war bereits Annas zweiter Gatte. Ihre erste Ehe war nach kurzer Dauer geschieden worden.

Die schöne Anna war bei einem Spaziergang im Schönbrunner Schloßpark, den sie gemeinsam mit ihrer Schwester oft und gern besuchte, zuerst dem Kronprinzen und dann dessen Vater begegnet. Damals lebte sie noch mit ihrem Mann und dem Kind aus der geschiedenen Ehe in einer bescheidenen Mietwohnung im siebenten Gemeindebezirk, die dem Einkommen ihres Gatten angemessen war.

In der Folgezeit traf sie den Kaiser öfter, sogar in den frühen Morgenstunden, was an sich ungewöhnlich war, wenn man bedenkt, daß sie zu diesem Zweck durch mehrere Bezirke anreisen mußte. Sie begegneten einander immer am selben Ort, zwei gegenüberliegenden Steinbänken, wo sie saßen und einander betrachteten.

Daß Franzl sie eines schönen Tages anredete, konnte nicht ausbleiben. Dann aber erfolgte Annas Übersiedlung in die Maxingstraße. Diese Bleibe war freilich den

Verhältnissen der Nahovskys nicht angemessen, jedoch der weite Weg nach Schönbrunn fiel nun weg.

Auch Sissy war der hübschen Anna bereits begegnet, auf Distanz zwar, aber sie war ihr aufgefallen durch die Art, in der sie, stehenbleibend, ihren Knicks vollführte und dabei zu ihr aufsah, forschend und überlegend, wie sie sich wohl verhalten solle einer Frau gegenüber, die ihre Kaiserin und – ihre Rivalin war.

Aber Sissy hatte sie nicht angeredet. Sie hatte nur genickt, war weitergegangen, und als sie weit genug weg war, hatte sie die sie begleitende Gräfin Sztaray gefragt, ob das wohl „jene" wäre, von der die Rede ginge, daß der Kaiser und sie . . .

Ja, das sei diejenige, hatte die Sztaray verlegen geantwortet. Aber niemand könne den Kaiser ernsthaft beschuldigen, und ebensowenig „jene". Man wisse ja nicht einmal mit Sicherheit, ob Seine Majestät jemals diese Villa betreten habe.

Sissy aber lächelte maliziös. Sie kannte die diskrete Art ihres Gemahls.

Sie konnte Franzl ernsthaft keine Vorwürfe machen. Sie war so oft und für so lange Zeit auf Reisen, fern von ihm, in Begleitung ihrer Hofdamen, manchmal auch in der ihrer Tochter Marie-Valerie. Das diskrete Wegsehen bei solchen kleinen Affären war wohl der Preis, mit dem sie sich ihre eigene Freiheit erkaufen mußte.

Aber einen kleinen, schmerzenden Stich im Herzen gab es doch. Diese Anna war jung, jünger als sie. Und sehr,

sehr hübsch! Blond, und von einem Typ, der Franzl offenbar ansprach. Sie war gut angezogen – kein Wunder, und doch wieder eins: denn auch ihre Garderobe entsprach nicht dem Einkommen eines Südbahn-Beamten.

Wieviel verdiente eigentlich einer, der bei der Südbahn angestellt war? Konnte sich der eine Villa in der Maxingstraße leisten?

Die Frage lag Sissy mehr als einmal auf der Zunge. Aber sie sprach sie niemals aus. Denn wenn er sie ansah, dann hatte sie das untrügliche Gefühl: er liebte, trotz allem, nur sie.

Mag er also sein kleines Glück finden mit dieser hübschen Anna, mag sie ihm die Ablenkung von seinen Sorgen bringen, deren er so sehr bedarf. Ich kann sie ihm nur zu selten geben, bin ich doch ein Zugvogel, der immer wieder seine Flügel ausbreiten und fliegen muß, irgendwohin . . .

7
Liebeswerben

Es bestand kein Zweifeil; Marie-Valerie und Erzherzog Franz Salvator liebten einander aufrichtig. Liebesheiraten, echte Liebesheiraten, waren an den Höfen die seltenen

Ausnahmen, die mitunter übrigens die Regel bestätigten, daß die von den Eltern getroffene Wahl die bessere war.

Sissy kannte natürlich ihren künftigen Schwiegersohn, der der Linie der Toskaner entstammte, und sie hatte das Gefühl, daß die sich anbahnende Ehe tatsächlich eine glückliche werden könnte. Lediglich die Aussicht, womöglich in absehbarer Zeit wieder Großmutter zu werden, stimmte sie bedenklich – und auch das herbe Gefühl, ihr liebstes Kind hergeben zu müssen.

Marie-Valerie fühlte und verstand das alles wohl. Zu Weihnachten wollten sie alle einander in Miramar treffen. Mutter Elisabeth würde auf Korfu sein, wo sie sich vom Freiherrn von Warsberg die Pläne für das Schloß erklären lassen wollte, das er ihr dort erbauen sollte. Doch zu Weihnachten wollte auch sie nach Miramar kommen, und ebenso Papa, der Kaiser. Und Franz Salvator? – Nun, der wollte vorsichtshalber im nahen Triest sein, und, falls sich die Lage günstig erweisen sollte, in Miramar eintreffen, um dort um Marie-Valeries Hand anzuhalten . . .

Das Jahr 1888 ging zur Neige. Marie-Valerie war zwanzig Jahre alt, der Bräutigam um drei Jahre älter, der Altersunterschied ein wenig knapp, aber wohl hinreichend groß.

Marie-Valerie hatte ihre Mutter gebeten, vorher nichts zu sagen. Obwohl sie annahm, daß Papa bereits eingeweiht war oder zumindest ahnte, was sich zwischen seiner Tochter und dem jungen Erzherzog angebahnt hatte, blieb sie ängstlich. Ob Papa wohl seine Zustimmung geben würde? Oder hatte man vielleicht andere Pläne mit ihr, der Prinzessin?

„Die Ehe in unseren Kreisen ist eine gar schlimme Einrichtung, mein Kind. Man wird unwissend an einen Prinzen verkauft – oder besser an ein fremdes Land. Oft sind wir Prinzessinnen nichts weiter als ein Faustpfand für den Frieden zwischen zwei Völkern . . . Und nach der Hochzeit mit all ihrem Gepränge ist man eine Gefangene bis an sein Lebensende . . . Dir, mein liebes Kind, möchte ich dieses Schicksal ersparen."

„Aber auch du hast doch aus Liebe geheiratet, Mama", warf Marie-Valerie ein. „Es war doch auch dir möglich, auf dein Herz zu hören, nicht wahr?"

„Halb und halb", gab Sissy zu. „Und es ist ja auch eine einigermaßen friedliche Ehe daraus geworden."

So hatten sie noch vor Sissys Abreise nach Korfu geredet. Sissy wollte dort bauen, ein Refugium für sich auf dieser Insel im Ionischen Meer, die sie so wundervoll fand, daß sie bereits begonnen hatte, eifrig Griechisch zu lernen.

„Dann werden wir sie wahrscheinlich noch seltener zu Gesicht bekommen", hatte Papa seufzend gemeint, als er von diesen Plänen erfuhr, und er seufzte auch im Hinblick auf die zu erwartenden Kosten.

Marie-Valerie aber war in Gedanken bei ihrer eigenen Zukunft. Sie war überglücklich und erhoffte sich als schönstes Weihnachtsgeschenk das Ja ihres Vaters.

Doch wie ein Alb legte es sich auf ihre Brust, wenn sie daran dachte, daß sie sich dem Vater würde offenbaren müssen. Und auch ihrem Liebsten war nicht ganz wohl zumute beim Gedanken an die offizielle Werbung, die ihm bevorstand.

Da traf aus Münschen die schlimme Nachricht ein, daß ihr Großvater, Herzog Max in Bayern, nach zwei Schlaganfällen verstorben sei.

War denn angesichts dieses tragischen Ereignisses überhaupt noch an eine Verlobung zu denken?! Bedeutete das nicht Aufschub und neuerliches Hoffen und Bangen? Sicherlich mußte Mama sofort nach München zur Beerdigung ihres Vaters. Es gab vielleicht gar kein Weihnachtsfest in Miramar . . .

Sofort schrieb Marie-Valerie an Franz Salvator und teilte ihm ihre Befürchtungen mit.

Sissy erhielt das Telegramm mit der Todesnachricht auf Korfu und brach sofort ihren dortigen Aufenthalt ab. Sie reiste nach München und kam zur Beerdigung zurecht. Sie fand dort nur ihre todtraurige Mutter und Briefe und Telegramme von daheim vor. Auf Papas Sarg häuften sich Kränze und Blumengebinde.

Sie trug Trauerkleidung, als sie in Wien eintraf. An eine Reise nach Miramar wurde nicht mehr gedacht.

Rudolf war merkwürdig verändert. „Ich wäre nicht mit nach Miramar gekommen“, erklärte er. „Stephanie und ich wären in Wien geblieben. Es hätte ja auch keinen Sinn gehabt, für die paar Tage hinunterzufahren.“

„Wenn wir in Wien bleiben, müssen wir einen wahren Rummel über uns ergehen lassen“, erklärte Elisabeth. „Du weißt, es ist das Jahr von Papas vierzigjährigem Regierungsjubiläum. Er wollte allen Huldigungen entgehen, und ich wollte das erst recht. Das ist der Grund, weshalb wir nach Miramar gehen wollten. Papa wollte mich dort erwarten, da er annehmen mußte, ich käme übers Meer aus Korfu. Wir alle hatten nicht damit gerechnet, daß ich nach München mußte, um meinen Vater auf seinem letzten Weg zu begleiten. Was hast du nur, Rudi? Du wirkst so verändert und blaß . . .“

„Schwarz steht dir ausgezeichnet, meine schöne Mama“, wich der Kronprinz mit einem Kompliment dieser Frage aus.

Marie-Valerie jedoch bestätigte Rudis Kompliment.

„Nun, zu Weihnachten werde ich diese Trauerkleidung ablegen. Weil doch wohl ein besonderer Anlaß vorliegen wird“, fügte die Mutter mit einem vielsagenden Blick auf ihre Tochter hinzu.

„Was denn für ein Anlaß?“ fragte Rudolf zerstreut.

„Mir scheint, du willst es gar nicht wirklich wissen“, brummelte seine Schwester gekränkt.

„O doch, aber natürlich, erzähle!“ sagte er, in Gedanken anderswo.

„Marie-Valerie wird heiraten“, erklärte Sissy und zwang ihn, ihr in die Augen zu blicken. „Hörst du, hast du es begriffen, mein Sohn? – Deine Schwester hat die Absicht, sich zu verloben!“

„So! – Und wer ist der Ärmste?“ scherzte Rudolf mit einem matten Lächeln.

„Du bist mir ein Rabenbruder!“ fuhr Marie-Valerie ihn an.

„Es ist Franz Salvator“, antwortete Sissy.

„Oh“, entfuhr es dem überraschten Rudolf. Dann aber umarmte er seine Schwester und wünschte ihr Glück. Und Sissy umschlang alle beide. „Rudi“, sagte sie weich, „versprich mir, daß du, wenn wir einmal nicht mehr sind, auf diese deine Schwester achten wirst! Sei gut zu ihr und ihrem Gatten!“

„Mama, und auch du, Schwesterl, seid versichert, daß ich das tun werde“, versprach er ernst und brach plötzlich in Tränen aus.

Da küßte ihn auch seine Mutter und machte beiden Kindern ein Segenskreuz auf die Stirn. Dabei rannen ihr die Tränen über die Wangen.

Ein prächtiger Tannenbaum, der aus Südtirol hatte herbeigeschafft werden müssen, zierte den festlichen Raum. Es wurde ein Abend der Überraschungen. Die erste war das pünktliche Eintreffen des Kronprinzen Rudolf und Stephanies. Sie hatte es zuwege gebracht, daß ihr Gatte doch noch rechtzeitig heimkam, so daß die Familie an diesem Heiligen Abend vereint sein konnte. Rudi hatte seiner Mutter ein besonderes Geschenk mitgebracht: elf Originalbriefe Heinrich Heins, ihres Lieblingsdichters.

Franzl wiederum machte sich lustig über eine Überraschung anderer Art, die ihm unversehens zuteil geworden war. „Wenn man es nicht selbst sähe, würde man es nicht für möglich halten! Mama besitzt ein Kunstwek, das sie uns hinterrücks vorenthält!“ berichtete er scherzend.

„Mama ein Kunstwerk?“ fragte Marie-Valerie verwundert.

„Gewiß! Sie hat sich doch tatsächlich auf Korfu einen Anker auf ihren schönen Rücken tätowieren lassen!“

Das löste allgemeines Witzeln und Gelächter aus, und Sissy blieb nichts anderes übrig, als ihr schönes „Kunstwerk“ zu enthüllen und bewundern zu lassen.

Über der Freude an den Weihnachtsgeschenken, die jedes Familienmitglied unter einem eigenen kleinen Bäumchen vorfand, war die Überraschung mit dem tätowierten Anker bald vergessen. Die Hauptüberraschung sollte ja noch kommen.

Ein von einigen nicht erwarteter Festtagsgast machte seine Aufwartung: Erzherzog Franz Salvator.

Einen Augenblick lang stutzte der Kaiser. Doch Sissy schob ihre Tochter an die Seite des Toskaners und sagte ganz schlicht und einfach: „So, ihr beiden – jetzt wäre der richtige Augenblick!“

Und der Erzherzog nahm all seinen Mut zusammen und sagte feierlich: „Majestät, ich bitte gehorsamst und untertänigst . . . ich bitte . . . ich bitte . . .“

Worum er wohl bat, hätte man so bald nicht erfahren, den der junge Mann spürte plötzlich ein arges Würgen in der Kehle. Jedoch kam ihm geistesgegenwärtig seine Angebetete zu Hilfe.

„Wir möchten heiraten, Papa . . .!“

„So, so, ihr wollt also heiraten?“ vergewisserte sich Franzl mit prüfendem Blick.

„Mit Euer Majestät allerhöchster Erlaubnis“, preßte Erzherzog Franz Salvator hervor.

„Papa, wir lieben uns!“ ergänzte Marie-Valerie flehentlich.

„Und das schon eine ganze Weile, lieber Mann“, setzte Sissy hinzu.

„So, so“, brummte der Kaiser noch einmal und fügte dann hinzu, und es klang beinahe amtlich, „dann muß man als nächstes wohl den Hochzeitstermin festsetzen.“

Diese nüchtern hervorgebrachten Worte täuschten, denn Franzl wandte sich plötzlich mit einer raschen Bewegung um, kramte sein Taschentuch hervor und fuhr sich damit an die Augen.

Sissy ging zu ihm hin und umarmte ihn. „Jetzt werden wir bald ganz allein sein“, sagte sie.

Nun schlangen auch Marie-Valerie und der neue Schwiegersohn ihre Arme um die beiden. Auch Kronprinzessin Stephanie eilte herbei, um Glück zu wünschen.

Nur der Kronprinz blieb abseits und wie sinnend bei seinem Bäumchen stehen. Als Marie-Valerie sich nach ihm umwandte, erschrak sie, weil er so fremd wirkte in diesem feierlichen Augenblick.

Es hätte ein ungetrübt schönes Fest werden können, wäre da nicht Rudi gewesen, der so teilnahmslos und deprimiert wirkte. Nun, es hatte eine Auseinandersetzung zwischen ihm und seinem Vater gegeben, über die viel gemunkelt wurde, weil sie hinter verschlossenen Türen stattgefunden hatte und niemand Genaueres über deren Inhalt wußte. Man hatte die erregte Debatte der beiden Männer durch die Türen undeutlich vernommen, kein einziges Wort war richtig zu verstehen gewesen.

Handelte es sich um die längst publik gewordene Krise in der Ehe Rudolfs mit Stephanie? Oder hatte der Streit zwischen Vater und Sohn andere, politische Gründe? Lag es an dem lange schwelenden Vater-Sohn-Konflikt, an dem Umstand, daß der Kronprinz sich zur Untätigkeit verurteilt sah, während es doch seiner Meinung nach so wichtige Reformen durchzusetzen galt? Aber hatte der Kaiser nicht eigens für ihn den Posten eines Armee-Generalinspektors geschaffen, der Rudi Gelegenheit geben sollte, seine Ideen allmählich zu verwirklichen?

Rudolf hatte viele Gegner, Leute, die einen Machtwechsel fürchteten. Und er vertrat politische Ansichten, die der offiziellen Politik des Wiener Hofes meist zuwiderliefen. Er konnte sich nicht für eine Allianz zwischen Schönbrunn und Sanssouci begeistern. Viel lieber hätte er eine Achse Wien–Paris gesehen. Stephanie hingegen hatte ihren Schwiegereltern besorgt enthüllt, ihr Gatte befände sich in Gesellschaft politischer Abenteurer. Das wußte übrigens der Kaiser auch von anderer Seite, wurde doch sein Sohn vom Geheimdienst bespitzelt.

Und dann war da auch noch die „Kavalierskrankheit", die an Rudolfs körperlicher Verfassung schuld sein mochte wie auch an dem Umstand, daß sich seine Gattin ihm verweigerte und kaum mehr Aussicht auf ein weiteres Kind der Krone bestand.

Mit Sicherheit waren an diesem Weihnachtsabend nur zwei junge Leute glücklich: das Brautpaar Franz Salvator und Marie-Valerie.

8
Ein Verlobungsessen und der Tag danach

Marie-Valerie war mit Mama noch einmal nach München gefahren. Die Kaiserin wollte ihre Mutter Ludowika nach dem Tod des Vaters Trost und Hilfe sein, und die Anwesenheit des erzherzoglichen Enkelkinds allein konnte schon beruhigen und trostreich für die alte Dame sein.

Die freudige Nachricht von Marie-Valeries Verlobung mit Erzherzog Franz Salvator lenkte Herzogin Ludowika ein wenig von ihren eigenen Sorgen ab. Sissy und das

Enkelkind halfen bei der Bewältigung organisatorischer Aufgaben, die durch den Tod des Herzogs Max in Bayern notwendig geworden waren.

„Am 29. Jänner geben wir in der Hofburg das Verlobungsdiner für Marie-Valerie“, berichtete Sissy. „Danach geht es mit Franzl wieder nach Budapest.“

„Ihr seid viel unterwegs“, stellte Ludowika fest. „Immer im Hofzug – von Wien nach Korfu, von Korfu nach Miramar, dann nach München, Wien und wieder hierher, und zurück nach Wien und dann gleich wieder nach Budapest . . .

„Es macht mir nichts aus“, erklärte Sissy. „Ich reise gern. Und es geht mir nichts ab unterwegs; ich habe alles. Auf längeren Fahrten nehme ich sogar eine Kuh aus meinem Tirolergarten mit, dann habe ich immer die gute, frische Milch, die ich brauche und an die ich gewöhnt bin.“

„Ach ja, dein Tirolergarten“, sagte Mama Ludowika schmunzelnd. „Gibt es den also auch noch?“

„Und ob es ihn gibt! Er versorgt bereits ganz Schönbrunn mit Milch, Butter und Käse. Ich könnte sogar Geld damit verdienen. Aber leider komme ich selbst nicht mehr so oft da hinauf.“

„Übertreibst du es nicht ein wenig?“ fragte die Mutter besorgt. „Du reitest wie eine Teufelin bei den Jagden in England, fährst übers Meer bei Sturm und Wind auf dem alten ‚Greif‘, der schon längst zum alten Eisen gehört . . .“

„Von dem aber Franzl und ich uns nicht trennen mögen", fiel Sissy ein.

„Aber deine Kinder, Sissy!"

„Ach, sie sind doch längst erwachsen, Gisi mit Leopold, Rudi mit Steffi verheiratet. Und jetzt auch noch Marie-Valerie . . ."

„Aber die kleine Erzsy! Sie hat doch schließlich eine Großmutter!"

„Großmutter? – Ach, Mama, du weißt doch nur zu gut, daß das eine Rolle ist, die mir gar nicht liegt. Ich bin nicht gerne Großmama. Man kommt sich dann immer uralt vor, und das bin ich schließlich noch nicht. Und überdies sorgt sich Franzl ja um Erzsy. Seit Gisi nicht mehr im Haus ist, verhätschelt er sie . . ."

„So wie er seinen Sohn nie verhätschelt hat?" fragte Ludowika spitz.

„Ach, ich mach' mir nicht so viele Sorgen um Rudi! Er wird seinen Weg schon finden. Er ist ja noch jung."

„Aber nicht mehr jung genug!" stellte Ludowika warnend fest. „Und man hört über ihn Sachen, die einem zu denken geben! Ich bin schließlich seine Großmutter, er ist mir nicht gleichgültig, dein Sohn. Du als seine Mutter solltest hin und wieder ein Auge auf ihn haben."

„Ach, Mama, ich finde, die Eltern sollten sich nicht so sehr in das Leben ihrer Kinder einmischen. Die sollen sich selbst ihr Leben einrichten. In diesem Sinn werde ich auch noch mit Franz Salvators Mutter reden. Ich möchte nicht, daß meine Marie-Valerie so wie ich unter einer Schwiegermutter leiden muß, auch wenn diese, wie Tante Sophie, nur das Beste im Auge hatte."

„Die Mama vom Franz ist nicht so", meldete sich Marie-Valerie zu Wort. „Ich glaub', wir werden uns sehr gut vertragen."

„Und wann soll die Hochzeit sein?" fragte Ludowika.

„Im Mai, liebste Oma, natürlich!" Marie-Valerie strahlte und sah sich im Geist bereits im Glanz ihres Hochzeitskleides. „Und ich wünsche mir eine lange, lange Schleppe, die viele, viele kleine Pagen tragen müssen!"

Da lachte Sissy und ihre Mutter Ludowika herzlich, und die Herzogin küßte ihr Enkelkind und wünschte ihm viel Glück und viele gesunde Kinder.

„Wir werden uns Mühe geben, Omi", versprach Marie-Valerie.

Für den Abend des 29. Jänner bereitete die Hofküche ein festliches Familiendiner vor. Es sollte dies das offizielle Verlobungsessen sein.

Es war das überhaupt ein großer Tag für die Residenzstadt, sollte doch am gleichen Abend das sechs Jahre zuvor fertiggestellte Reichsratsgebäude an der Wiener Ringstraße zum erstenmal im Glanz elektrischer Beleuchtung erstrahlen.

Der Kronprinz hatte damals zur Eröffnung der Elektritäts-Ausstellung in der Wiener Rotunde, die noch seit den Tagen der Weltausstellung im Prater stand und zu einem Wahrzeichen der Stadt geworden war, eine eindrucksvolle Rede gehalten und gemeint, ein Meer von Licht werde von Wien aus die Länder der Monarchie erhellen.

Der Reichsrat war also nun bereits erhellt, doch in der Hofburg brannten noch festliche Kerzen auf der geschmückten Tafel und verbreiteten ihr warmes, feierliches Licht und den Geruch von Wachs.

Man speiste im Alexander-Appartement, und es waren nur die engsten Familienmitglieder neben dem Brautpaar geladen. Das Diner war für sechs Uhr abends angesetzt, und der Kaiser liebte die Pünktlichkeit. Doch der Platz des Kronprinzen blieb leer. Franz Joseph richtete vorwurfsvolle Blicke auf seine Schwiegertochter Stephanie. „Er weiß doch, weshalb wir hier versammelt sind", bemerkte er mißgestimmt. „Wo ist mein Sohn, weshalb bleibt er fern?"

„Er ist zur Jagd nach Mayerling", erklärte die Kronprinzessin verlegen. „Doch er müßte längst wieder hier sein."

„Nehmen Sie sein Gedeck noch nicht ab", wandte sich Franz Joseph an den Lakaien, der Rudolfs Gedeck von der Tafel entfernen wollte. „Vielleicht ist er irgendwo aufgehalten worden und kommt doch noch. Warten wir noch ein wenig mit dem Essen."

„Vielleicht ist sein Wagen im Schnee steckengeblieben", versuchte es der Bräutigam mit einem Scherz.

„Wann ist er denn weggefahren?" wollte Sissy wissen.

„Gestern zu Mittag", antwortete Stephanie.

„Nun, jedenfalls bei der Sitzung im Arsenal war er nicht", bemerkte Erzherzog Albrecht ungnädig. „Wir haben eine volle Stunde auf ihn gewartet. Er hat sich nicht einmal entschuldigen lassen."

Das Gespräch an der für einundzwanzig Personen gedeckten Tafel wollte nicht in Schwung kommen. Eine seltsame Stimmung breitete sich aus. Immer wieder richteten sich die Blicke auf die Kronprinzessin, die glaubte, sich unter ihren Stuhl verkriechen zu müssen.

Rechts und links vom Kaiser saßen der Graf Meran, ein Nachkomme des steirischen Erzherzogs Johann, Erzherzog Rainer, Erzherzog Carl Salvator, Erzherzogin Marie Therese, Kronprinzessin Stephanie – sie war zu ihrem Leidwesen Franz Josephs unmittelbare Tischdame zu seiner Rechten, Erzherzog Albrecht, Prinzessin Reuss, Erzherzog Wilhelm und Erzherzog Albrecht Salvator. Die gegenüberliegende Seite der Tafel nahmen ein: Erzherzogin Carolina, Erzherzog Leopold Salvator, Erzherzogin Marie-Valerie, neben der der Platz ihres Bruders Rudolf unbesetzt war. Neben dem leeren Platz saß Sissy dem Kaiser gegenüber, sie war ebenso wie alle anderen verwundert, ja sogar besorgt. Neben Carl Ludwig und Erzherzogin Elisabeth hatte man das Brautpaar plaziert. Den Abschluß der Tafel bildete Prinz Heinrich Reuss, der preußische Gesandte.

Nun wollte der Kaiser schon resigniert das Zeichen zum Auftragen der Speisen geben, als der Schwager der Kronprinzessin, Prinz Philipp Coburg, ein Jagdgefährte

Rudolfs und zu dessen Freundeskreis gehörend, außer Atem aufkreuzte. Sein Sitzplatz war für ihn am oberen Ende der Tafel reserviert. Daß er, ebenso wie Rudi, bisher nicht erschinen war, war offenbar noch niemandem aufgefallen.

„Rudolf läßt sich vielmals entschuldigen", meldete er. „Er ist ganz schrecklich verkühlt und hat sich ins Bett gelegt, um seinen Schnupfen auszukurieren. Sein Wagen ist auf der Fahrt nach Mayerling im Schnee steckengeblieben, und er hat anschieben helfen müssen. Er war ganz verschwitzt, und im Schloß war's dann auch noch kalt; man hat die Öfen zu spät angeheizt. Er ist heute morgen nicht einmal mit ins Revier gegangen."

Nun schien das Rätsel gelöst.

„Da kann man halt nichts machen", meinte der Kaiser kopfschüttelnd und wünschte eine gesegnete Mahlzeit.

Das Essen nahm seinen Lauf mit Toasts auf das Brautpaar und den üblichen Glückwünschen. Stephanie kehrte hernach ins Kronprinzenappartement zurück, wo sie ein Telegramm vorfand.

Ich bitte Dich, schreibe Papa, daß ich gehorsamst um Verzeihung bitten lasse. Ich kann nicht zum Diner erscheinen, denn ich möchte wegen starkem Schnupfen die Fahrt nach Wien unterlassen und mit Hoyos hierbleiben.

Graf Hoyos war ein weiterer Jagdgast, der nach Mayerling eingeladen worden war.

Rudi hatte sich also einen Schnupfen geholt. Und deswegen all die Aufregung! Erleichtert ging die Kronprinzessin zu Bett, nachdem sie noch nach ihrem Kind, der kleinen Erzsy, gesehen hatte. Die Fünfjährige schlief fest.

Auch Franzl und Sissy trennten sich nach der Tafel vom Brautpaar in gelöster Stimmung, wenngleich dem Kaiser offenbar nicht recht war, daß er seinen Sohn hatte vermissen müssen. „Es war doch ein großer Abend für seine Schwester Marie-Valerie", meinte er und war der Ansicht, daß sich Rudolf nicht hätte gehenlassen dürfen, sondern trotz seiner Verkühlung nach Wien kommen müssen.

„Aber es hätte sich doch verschlimmern können", verteidigte Sissy den Sohn.

Der Kaiser blieb ihr die Antwort schuldig.

Der folgende Morgen begann wie viele andere. Sissy nahm eine Griechischstunde, denn sie wollte sich ja mit den Leuten auf Korfu mühelos verständigen können, sobald sie einmal ihr „Achilleion" bezogen haben würde. Ihre Schwiegertochter hingegen nahm Klavierunterricht. Beide waren sie durch Gebäudetrakte voneinander getrennt, und doch sollte das Schicksal sie an diesem schrecklichen Morgen bald zusammenführen.

Sissys Griechischstunde wurde jäh durch das Erscheinen der Gräfin Ferenzcy unterbrochen. Die Vertraute der Kaiserin war leichenblaß.

„Majestät, Baron Nopcsa ist draußen", meldete sie.

„Nopcsa? Was will er denn? Er soll warten oder später wiederkommen“, meinte Sissy ungehalten, die noch den Klang der Verse Homers im Ohr hatte. Der Obersthofmeister wußte doch, daß sie während ihrer Griechischstunde nicht gestört zu werden wünschte!

Doch die Ferenzcy blieb hartnäckig. „Er bittet sofort vorgelassen zu werden“, beharrte sie. „Er bringt schlechte Nachrichten aus Mayerling!“

„Schlechte Nachrichten aus Mayerling?“ Sissy legte überrascht ihr Griechischbuch beiseite. „Was ist denn vorgefallen? Lassen Sie ihn eintreten!“

Und Nopcsa kam und stammelte: „Majestät, ein großes Unglück . . .“

„Etwa ein Jagdunfall?“ Sissy erbleichte. „Ist mein Sohn verletzt?“

„Er ist – tot, Majestät . . . Der Kronprinz ist tot!“

Die Ferenzcy, die an der Tür stand, preßte hervor: „Majestät müssen Seine Majestät informieren . . . Graf Hoyos hat die Nachricht aus Mayerling gebracht, man hat heute morgen Seine Kaiserliche Hoheit tot in seinem Bette gefunden . . . Graf Hoyos ist sofort nach Wien, Prinz Coburg . . .“

„Er ist draußen geblieben“, fuhr Nopcsa hastig fort. „Er ist heute früh wieder nach Mayerling gefahren zur Jagd, die hat aber nicht mehr stattgefunden! Graf Hoyos hat die Einzelheiten nur Majestät berichten wollen. Wir wußten niemand sonst als Eure Majestät, die diese Nachricht unserem Kaiser schonend beibringen könnte!“

Nach dem Wortschwall des Barons schien Sissy wie versteinert. „Ich soll . . . es Seiner Majestät berichten?" vergewisserte sie sich.

„Wer sonst?" fragte Nopcsa, ein Bild der Verzweiflung.

„Ja, natürlich – wer sonst", sagte Sissy kaum hörbar. Und sich zusammennehmend, setzte sie hinzu: „Es ist wohl meine Pflicht . . .!"

Was damals im Jagdschloß Mayerling geschah, erfuhr man auch in der Hofburg erst nach und nach, und ein Kranz von Legenden, Vermutungen, Thesen und reinen Phantasien umgab bald die Geschehnisse jener Nacht zum 30. Jänner 1889, an dem man im Jagdschloß die Leichen des Kronprinzen und der Baronesse Mary Vetsera fand.

Der Kronprinz war tot! Der Erbe der Krone nicht mehr am Leben, der Mann, auf dessen Schultern die Zukunft des Reiches hätte ruhen sollen.

Kein schwererer Schlag hätte das Kaiserpaar treffen können. Schluchzend brach Franz Joseph am Sarg seines Sohnes in der Kapuzinergruft in die Knie. Sosehr er auch gelernt hatte, sich zu beherrschen, das war zu viel für den gebeugten Mann.

Ahnungslos war er bei Sissy erschienen, aufgeräumt und bei bester Laune, noch voll der Erinnerung an das Verlobungsfest. Und dann diese Nachricht aus dem

Munde der Kaiserin! Es war, als ob ihn ein Blitz getroffen hätte . . .

Von diesem Tage an, bis an ihr Lebensende, trug Sissy nur noch Schwarz. Das Schwarz, das ihr so gut stand, wie Rudolf bemerkt hatte.

9
Die Kinder der Krone

Aus Anlaß der Verlobung ihrer Schwester Marie-Valerie war auch Gisela nach Wien gekommen, doch sie traf verspätet ein. Nun wurde sie Zeugin der schrecklichen Ereignisse.

Auch Marie-Valerie schien wie gebrochen. Zu tief und schmerzlich war der Sturz aus den Himmeln ihres Glücks in das Elend dieser Tage. Ihr Bruder, der ihr noch vor kurzem versprochen hatte, sich ihrer stets annehmen zu wollen, wenn er einst auf den Thron des Reiches gelangen würde, nun lag er tot in seinem Schlafzimmer, ein entstellter Leichnam, den die Chirurgen und Maskenmacher mühsam für eine öffentliche Aufbahrung hatten zusammenflicken müssen. Die Kronprinzessin hatte sich in ihren Gemächern mit Erzsy, die nun Halbwaise geworden war, eingeschlossen. Sie wollte niemanden sehen und sprechen. Sie fühlte, man würde ihr Vorwürfe machen, weil sie sich zuwenig um das Wohl ihres Gatten gekümmert habe.

Welch ein Hohn für sie und welche Schmach! „Sei gut zu der Kleinen, die das einzige ist, was von mir übrigbleibt." So stand es in Rudolfs Abschiedsbrief an sie.

Ja, Erzsy war das einzige, was vom Erben der Krone blieb. Einen Sohn, einen Enkel, der dereinst auf das Erbe des Reiches hätte Anspruch erheben können, den hatten sie nicht.

Sissy war in diesen Tagen in sich gekehrt und zu keinerlei Kontaktnahme fähig. Nach der Beisetzung stahl sie sich eines Nachts unerkannt aus der Hofburg und lief zu Fuß durch den Schnee zur Kapuzienergruft, um am Sarg ihres Sohnes dessen Geist zu beschwören. Sie wollte wissen, was wirklich geschehen war in Rudolfs Todesnacht, sie wollte es von ihm selbst in Erfahrung bringen. Doch Rudolfs Geist meldete sich auf ihre Beschwörungen nicht.

„Man hat ihn umgebracht, ich habe mir seine Leiche genau angesehen, das war kein Selbstmord!" beharrte seine Schwester Gisela.

Marie-Valerie wünschte sich fort aus Wien, und es war ihr angesichts dieser Geschehnisse nicht zu verdenken. Sie wollte ihr eigenes Leben führen, fern der Hofburg und dem Schloß Schönbrunn, fern aller Politik und ihrer Wirren.

Sissy konnte es ihr nicht verdenken. „Armes Kind“, sagte sie zu Marie-Valerie. „Jehova hat über uns ein schweres Schicksal verhängt. Es ist eine Prüfung, wir müssen sie bestehen und lernen, unser Leid zu tragen. Und dürfen dabei der Öffentlichkeit kein Schauspiel geben.“

Sie hatte recht. Der Fahrplan des Kaisers änderte sich in jenen Tagen nach der Katastrophe in keinem Punkt. Er kam allen seinen Terminen nach. Die Arbeit war ihm Hilfe und Trost. Für Marie-Valerie hatte der Tod ihres Bruders eine schlimme Konsequenz. Sie konnte nun nicht, wie vorgesehen, im Mai heiraten. Das Trauerjahr mußte abgewartet werden. Das hieß: zwölf lange Monate, womöglich noch länger, würde sie auf ihre lange Schleppe und die Pagen, auf das Glück einer jungen Ehe warten müssen.

„So lange“, fand Sissy darin einen Trost, „bleibst du mir wenigstens noch erhalten.“

„Gewiß, Mama, wir bleiben uns *beide* erhalten,“ Marie-Valerie lächelte.

„Ob ihr euch wohl in dieser Zeit diesen Schritt noch einmal überlegen werdet?“

„Niemals, Mama!“ entrüstete sich Marie-Valerie. „Ich protestiere! Franz Salvator und ich sind verlobt und versprochen!“

Ja, das waren sie. Und diese unfreiwillige Wartezeit wurde zu einer Probe ihrer Liebe.

„Wir werden auf Wallsee wohnen, und es wird dir gefallen dort", verhieß ihr der junge Erzherzog, wie sie unfreiwilliges Opfer von Rudolfs Tod. Denn auch für ihn bedeutete das, das Trauerjahr des Erzhauses abzuwarten.

Das Schloß, künftiger Wohnsitz Marie-Valeries und ihrer Familie, stand in Niederösterreich, etwas westlich von Amstetten an der Donau. Einst war es ein Stützpunkt der Protestanten gewesen, die sich hier gegen Ferdinand II. zur Wehr gesetzt hatten.

„Wir fahren hin, ich möchte es sehen!" rief Marie-Valerie eines Tages.

„Nun, das Schloß ist jedenfalls ein nobles Angebinde, ein Hochzeitsgeschenk deines Papas. Und jetzt läßt er es auch noch renovieren."

„Ich bin Papa ja so dankbar, daß er mir das Schloß geschenkt hat. Vielleicht ist es ganz gut, daß wir jetzt noch nicht heiraten können. An dem alten Gebäude wird wohl recht viel zu verändern sein, bevor wir uns dort wohnlich einrichten können."

„Ich hoffe, deine Eltern kommen uns dort recht oft besuchen."

„Das werden sie bestimmt, mein Lieber, besonders, wenn erst unsere Kinder dasein werden!" prophezeite Marie-Valerie schalkhaft und küßte ihren Verlobten.

Franz Joseph hatte wieder einmal tief in seinen Privatsäckel gegriffen und das Schloß, das im vierzehnten Jahrhundert erbaut worden war, erworben und seiner Tochter zum Geschenk gemacht. Und er wollte tatsächlich kommen, wenn es einmal galt, einen Enkel über das Taufbecken zu halten. Und falls es ein Mädchen sein würde? Nun, dann war selbstverständlich Sissy dazu bereit.

„Ich will keine Schwiegermama sein, die dir auf die Nerven fällt, mein lieber Bub“, versprach Sissy Franz Salvator, ihrem künftigen Schwiegersohn. „Aber hin und wieder müßt ihr euch schon darauf einrichten, mich zu Gast zu haben, wenn auch nur immer für kurze Zeit. Ich bin ja ein Zugvogel, wie ihr wißt. Ihr habt also von mir nichts Schlimmes zu befürchten!“

Von den vier Kindern, die sie geboren hatte, waren nur noch zwei am Leben: Marie-Valerie und Gisela. Die kleine Sophie war gestorben, noch ehe sie das dritte Lebensjahr hatte vollenden können.

„Ihr ist viel erspart geblieben, weil sie so früh zu den Engeln gegangen ist“, pflegte Sissy zu sagen, sooft das Gespräch auf das damalige Drama in Ungarn kam.

Und Rudolf? – Sein Tod war die schmerzlichste Erfahrung ihres bisherigen Lebens. Die Anteilnahme der Menschen in der Monarchie war ungeheuer, sie übertraf alle Erwartungen und ließ erkennen, welch große Hoffnungen man etwa in Ungarn, aber auch in den tschechischen Ländern in ihn gesetzt hatte.

Man munkelte von geheimen Reformplänen, die er seinem Nachfolger, Erzherzog Franz Ferdinand, noch kurz vor dem Drama von Mayerling zugespielt haben sollte. Und dabei war zu diesem Zeitpunkt gar nicht sicher gewesen, ob der lungenkranke Erzherzog überhaupt je zur Thronfolge gelangen würde.

Mit Rudolf schied auch noch ein anderer aus dem Kaiserhaus: sein Freund und Onkel Johann Salvator, ein enger Verwandter von Marie-Valeries Bräutigam. Er verzichtete auf alles, nahm eine Bürgerliche zur Ehefrau, eine ehemalige Hofoperntänzerin namens Millie Stubel, und ging mit ihr zur See. Sein Schiff, die „Santa Margherita", mit der er Seehandel betreiben wollte, verschwand spurlos auf dem Ozean.

Gisela, Gattin des Herzogs Leopold von Bayern, schenkte zwei Söhnen und zwei Töchtern das Leben, Georg, Konrad, Augusta und Elisabeth. Augusta, mit Erzherzog Joseph August verheiratet, sollte den Zweiten Weltkrieg überleben; sie starb erst 1964. Kaiserin Charlotte von Mexiko, die kinderlos gebliebene Ehefrau des Bruders von Franz Joseph, Maximilian, dämmerte in ihrem Schloß im Wahnsinn bis zum Jahre 1924, wo der Tod sie von ihrem Leiden erlöste.

Gegen Ende des Ersten Weltkrieges verhaftete der französische Geheimdienst einen Mann namens Sedano, der in Barttracht, Aussehen und Gehaben dem füsilierten Kaiser von Mexiko frappant ähnelte. Dieser Mann, der augenscheinlich eine hervorragende Erziehung genossen haben mußte und auch fremder Sprachen mächtig war, wurde der Spionage für die Mittelmächte überführt, von einem Militärgericht zum Tode verurteilt und erschossen.

Die Kronprinzessin-Witwe Stephanie übersiedelte mit der kleinen Erzsy nach Schloß Laxenburg, das ihr als Witwensitz angewiesen wurde. Sie wäre so gern zu ihren Eltern nach Laeken zurückgekehrt oder hätte auch das Angebot ihrer Tante, der Königin Victoria von England, angenommen, zu ihr nach Schloß Windsor zu kommen. Doch Kaiser Franz Joseph lehnte beides ab. Erzsy war ein Kind der Krone und hatte im Land zu bleiben.

Gemäß der Pragmatischen Sanktion, die einst eine Maria Theresia auf den Thron gebracht hatte, hätte auch Kronprinz Rudolfs Tochter Elisabeth die Möglichkeit gehabt, eines Tages Kaiserin von Österreich zu werden. Doch ernstlich dachte am Wiener Hof jedoch niemand daran. Ein Mann sollte den verwaisten Platz des Thronfolgers einnehmen.

Wider Erwarten setzte sich Erzherzog Franz Ferdinand gegen alle Widerstände mit seinen Ansprüchen durch, was ihm sehr erschwert wurde durch die „Mesalliance" mit der Gräfin Sophie Chotek. Das war wieder eine jener seltenen Liebesheiraten am Wiener Hof. Doch die Kinder aus dieser Ehe, die durch die Schüsse von Sarajevo ein jähes Ende fand, waren keine Kinder der Krone. Die unglücklichen Vollwaisen blieben, gleich ihrer Mutter, Herzöge von Hohenberg.

Sissy hatte in ihren letzten Lebensjahren einiges dazu beitragen dürfen, daß das so schwer um sein Glück kämpfende Paar Franz Ferdinand und Sophie Chotek doch noch zueinander finden durfte. Den Mord von Sarajevo, dem sie beide zum Opfer fielen, und den dieser Untat folgenden Ersten Weltkrieg erlebte sie glücklicherweise nicht mehr.

Ihre Lieblingstocher Marie-Valerie war in ihrer Ehe mit zehn Kindern gesegnet. Im Jahre 1924 wurde sie in die Ewigkeit abberufen. Ihr Witwer, Erzherzog Franz Salvator, ging nach ihrem Tode eine zweite Ehe mit Melanie Baronin Risenfels ein und lebte bis kurz vor Beginn des zweiten großen Völkersterbens; er wurde 1939 zu Grabe getragen.

Im Jahre 1898 weilte Sissy kurz, aus Bad Nauheim kommend, in der Schweiz. Sie hatte wieder einmal ein Reisejahr hinter sich gebracht. Sie war noch immer schön und mit dem schwebenden Gang begabt, den ihre Anbeter so bewunderten. In Bad Kissingen war sie mit Franzl zusammengetroffen, der auch an Marie-Valerie geschrieben hatte; er wünschte Frau und Tochter in seiner Gesellschaft zu sehen.

Es waren ein paar schöne Tage in Kissingen gewesen. Franzl berichtete, er habe im Tausch gegen Lipizzanerpferde Kühe für Sissys Tirolerhof-Meierei erworben, und Marie-Valerie erzählte viel von ihren Kindern, den Enkeln des Kaiserpaares, die Franzl und Sissy späte Freude waren. Doch Franzl mußte bald wieder abreisen, zu den Herbstmanövern, die er noch hoch zu Roß im Sattel sitzend, wie einst in jungen Jahren, durchstand. Auch Marie-Valerie mußte wieder heim nach Wallsee.

Sissy aber zog es in die Schweiz, wo sie sich gern

aufhielt, weil man dort weit weg war von höfischen Konventionen.

In Begleitung ihres Griechischlehrers Thermojannis und der Gräfin Sztaray, oft auch mit dieser allein, durchstreifte sie Dörfer und Städte unter dem Pseudonym einer Gräfin aus Österreich. Doch die Journalisten ließen sich oft nicht irreführen, sosehr Sissy jedes Aufsehen zu vermeiden suchte.

„In Genf", sagte Sissy zur Gräfin Sztaray, „wollen wir noch etwas einkaufen gehen, was meiner Tochter und ihren Kindern Freude macht."

Als sie auf der Durchreise im Hotel „Beau Rivage" abstiegen, ging Sissy daran, dieses Vorhaben zu verwirklichen. Die beiden Frauen bummelten durch die Stadt, aßen Gefrorenes in einem Kaffeehaus – Sissy war eine Eis-Feinschmeckerin – und landeten dann in der Rue Bonnivard. Hier gab es ein stadtbekanntes Musikaliengeschäft, die Firma Bäcker.

„Haben Sie auch diese neuartigen Orchestrions?" erkundigte sich die Gräfin bei dem diensteifrig herbeigeeilten Verkäufer.

Ein „Orchestrion" war eine Art Vorläufer der späteren Plattenspieler. Mit Hilfe gelochter Metallplatten war ein mit einem Federwerk betriebenes Musikwerk imstande, verschiedene Melodien abzuspielen.

Sissy ließ sich verschiedene Platten mit Opernmelodien vorspielen; doch so ein Orchestrion war ein richtiges kleines Möbel und für den Transport nach Niederösterreich zu voluminös. Sie entschied sich daher für ein „Ariston“, das in der Größe den späteren Koffergrammophonen entsprach, und kaufte hierzu vierundzwanzig verschiedene Platten. „Da sind einige Stücke dabei, die auch Franzl freuen werden, wenn er zu Besuch nach Wallsee kommt“, freute sie sich.

Sie ließen alles einpacken, und während die Sztaray das Finanzielle erledigte, gab Sissy als Bestimmungsort Schloß Wallsee und als Empfängerin Erzherzogin Marie-Valerie von Habsburg-Toskana an.

Dies geschah am 9. September 1898.

Weinend nahm Marie-Valerie Tage später das letzte Geschenk ihrer Mutter vom Postboten entgegen.

Denn an jenem 9. September, nur wenige Stunden nach diesem Einkauf, hatte die Kaiserin von Österreich in Genf ihr Ende gefunden.

Inhalt

Erster Teil

Zweiter Teil

Dritter Teil